НОАК и морское конвоирование

Ли Фасин
Ву Чао
Ли Танг
Ван женгуанг

Межконтинентальное издательство Китая

图书在版编目（CIP）数据

中国军队与海上护航行动：俄文 / 李发新编著；（俄罗斯）克利译.
——北京：五洲传播出版社，2013.11
ISBN 978-7-5085-2626-3

Ⅰ.①中… Ⅱ.①李… ②克… Ⅲ.①亚丁湾－护卫舰－军事行动－概况－中国－俄文 Ⅳ.①E273.109

中国版本图书馆CIP数据核字（2013）第240377号

书　　名：中国军队与海上护航行动
著作责任者：李发新　吴　超　李　唐　王争光
总 策 划：钱利华
总 监 制：关友飞
策　　划：耿雁生　杨宇军
主　　编：付　平
翻　　译：Расторгуев Кирилл Александрович（俄罗斯）
审　　校：毛舒雅
责任编辑：张美景
助理编辑：姜　超
标准书号：ISBN 978-7-5085-2626-3
出版发行：五洲传播出版社
地　　址：北京市北三环中路31号凯奇大厦B座7层
网　　址：http://www.cicc.org.cn
电　　话：010-82008827
印 刷 者：北京全海印刷厂
开　　本：787毫米×1092毫米　1/16
字　　数：130千字
印　　张：12.125
版　　次：2013年11月第1版
印　　次：2013年11月第1次印刷
定　　价：98.00元

Предисловие

С началом 21 века наряду с общим подъемом национальной и военной мощи Китая в центре внимания мировой общественности все чаще оказывается область оборонной политики, военной стратегии и военного развития Китая. Об армии Китая было опубликовано большое количество иностранных книжных изданий. Однако, ввиду нехватки достоверной информации, часть публикаций некоторых авторов, к сожалению, оказалась неточной.

Как можно охарактеризовать Народно-освободительную армию Китая (НОАК)? На каком этапе развития находятся вооруженные силы Китая? Какого уровня достигли боевое оружие и военное оборудование? Эти вопросы вызывают оживленную дискуссию и серьезную озабоченность международного сообщества и некоторых зарубежных СМИ. По этой причине мы полагаем, что было бы уместно ярко и точно описать систему китайской армии, как для отечественных, так и для зарубежных читателей.

«Вооруженные силы Китая» Серия I включает в себя три книги: «Народно-Освободительная Армия Китая», «Военно-морские силы НОАК» и «Военно-воздушные силы НОАК». Серия II книг: «Армейская авиация НОАК», «Морская пехота НОАК» и «Воздушно-десантные войска НОАК». Серия III состоит из четырех томов: «НОАК и морское конвоирование», «НОАК и миротворческая операция ООН», «НОАК и международное сотрудничество» и «НОАК и гуманитарная помощь». Каждый том состоит из 50,000-100,000 слов, включающий в себя сотни ценных иллюстраций. В целях попытки показать истинное положение Народно-освободительной армии с разных точек зрения, серии книг сосредоточены на истории вооруженных сил Китая, текущем положении, а также на будущем росте, исходя из настоящих перспектив развития; приведены различные интересные примеры.

Для обеспечения точности информации, на протяжении всего процесса планирования и написания книг, нами были приглашены эксперты из соответствующих ведомств, военных академий и научно-исследовательских учреждений по истории НОАК. Эта серия книг имела мощную поддержку и руководство со стороны Информационного бюро Министерства Национальной обороны. Мы полагаем, что активное участие военного персонала повлияло на глубокий смысл содержания книг.

Ввиду недостаточных знаний редактора в попытке отобразить информацию и реальное положение дел по предмету НОАК могут быть допущены некоторые упущения. Ваши комментарии, критические замечания и исправления приветствуются.

Редактор

Содержание

ВВЕДЕНИЕ

26 декабря 2012 года состоялся 4-ый юбилей, первой отправки Китаем своих военно-морских сил в Аденский залив и к берегам Сомали для эскорт миссии. В этот день четыре года назад, первая эскорт группа вооружённых сил Народно-освободительной армии военно-морского флота (ВМФ НОАК) снялась с якоря в городе Санья, провинция Хайнань, и отправилась в Аденский залив, который находится на расстоянии 4400 морских миль, под занавесом регулярных эскорт операций ВМФ НОАК на основе ротации.

Для ВМС Китая, путешествие из города Санья в Аденский залив означает огромные перемены, от сохранения национальных интересов Китая в прибрежных водах, до поддержания мира во всем мире в далеком море. Это был первый случай, когда Китай нанял свои вооруженные силы за рубежом, чтобы защитить свои национальные стратегические интересы. Первый раз, когда китайские военные организовали свои военно-морские силы за границей, чтобы выполнять свои международные гуманитарные обязанности, и в первый раз, когда китайский флот перешёл в синие воды, чтобы защитить жизненно-важные для Китая морские пути снабжения.

26 декабря 2008 года, по приглашению сомалийского переходного федерального правительства, согласно соответствующим резолюциям Совета Безопасности ООН, и ссылаясь на практику соответствующих стран, китайское правительство направило свои военно-морские силы в Аденский залив и в воды Сомали для сопровожденческих операций. Его основные задачи включают, обеспечение безопасности китайских судов и персонала через эту область, обеспечение безопасности судов, которые перевозят гуманитарные материалы для международных организаций, таких как Всемирная Продовольственная Программа (ВПП), а также предоставление гуманитарных

услуг для иностранных торговых судов.

В течение последних четырёх лет, офицеры и солдаты сопровожденческих сил ВМФ НОАК, со всей лояльностью, мужеством и мудростью, записали великолепные проходы для защиты жизненно- важных для Китая морских путей снабжения и сохранения мирового порядка. Эскорт операции ВМФ Китая не только предоставили эффективную защиту национальных интересов Китая и мощную защиту китайских судов, но также предоставили гарантию безопасности торговых судов из других стран и регионов, что является полной демонстрацией национального имиджа Китая в качестве ответственного члена международного сообщества, и демонстрирует мирные намерения китайских военных, а также цивилизованность и мощь армии. Всё это было широко одобрено международным сообществом.

За 4 года, с декабря 2008 по декабрь 2012 года, ВМС Китая последовательно отослал 13 эскорт групп в Аденский залив и воды Сомали, в общем количестве из 34 боевых кораблей, 28 вертолётов и приблизительно 10000 офицеров и солдат. Они выполнили задачи сопровождения более 500 конвоев, в количестве превышающем 5000 китайских и иностранных торговых судов, около 50% которых были иностранные; они преуспели в обеспечении поддержки, спасения и/или эскорт-услуг более 60 судов, которые были преследованы, атакованы, угнаны или освобождены пиратами, и они обеспечили успешный эскорт четырёх зерновозов принадлежащих ВПП. Для всех сопровождаемых кораблей и персонала была гарантирована сто процентная безопасность.

В режимах сопровождения, китайские эскорт группы, сосредотачивались на удобстве, оперативности и эффективности, скорректировав свои операции от исходных временно-сгруппированных конвоев до спланированных периодически сгруппированных конвоев, что значительно упростило процедуры и увеличило число лиц извлекших пользу из эскорт операций.

Чтобы осуществить гибкое использование их отборных войск, китайские оперативные силы добавили несколько новых эскорт методов, такие как передаваемый эскорт и эскорт по вызову к существующим методам сопровождения, патрулирование области, и бортовой защиты, эффективно улучшая доступность сопровождающих сил. В районах сопровождения, ВМФ

НОАК подтверждают безопасность и надёжность. Они постоянно изучали характеристики и законы пиратства согласно изменениям погоды и пиратства в районе, своевременно продлены маршруты сопровождения, как на восток, так и на запад, и расширена область сопровождения до вод к востоку от Сомали, которые в свою очередь, расширили области сопровождений.

В поддержку эскорт миссии, китайские эскорт войска подчеркнули могущество и надёжность. Они объединили само-поддержку и пополнение в порту, создав комплексный режим поддержки путём самонесущих грузов (STSCL), пополнение в море (RAS), пополнение в порту (RIP), а также через поддержку гражданских судов (STCS).

В иностранной валюте и сотрудничестве, ВМФ НОАК выбрали открытость, сотрудничество и гармонию как их основную философию, и развили позитивные обмены и сотрудничество с иностранными судами сопровождения. У них был обмен информацией и взаимные визиты последовательно с США , Объединёнными морскими силами 151, Европейским союзом, Объединёнными морскими силами 465, Российским ВМФ, ВМФ НАТО, Объединёнными морскими силами 508 и Корейскими судами сопровождения. Тем временем, они работали с иностранными флотами на совместных программах как, Китайско-Российские совместные эскорт услуги, Китайско-Российские совместные учения, Китайско-Голландская программа обменом молодыми офицерами, и Китайско-Американские совместные учения.

В жизни сопровождающих солдат и офицеров, китайские военно-морские силы через продолжающиеся изучения и обобщения, преодолели все виды трудностей, чтобы неуклонно повышать их условия существования, а также обогатить и оживить жизнь солдат и офицеров, постепенно создавая образ жизни в сопровождении “Дом в море, Гость на берегу”.

Сейчас, упорядоченно происходящие и регулярно оперируемые эскорт операции ВМФ Китая, всё ещё продолжаются.

ВМФ Китая будет продолжать укреплять обмены и сотрудничество с эскорт судами других стран, обеспечивая безопасность морских путей Китая. Обеспечивать необходимую гуманитарную помощь иностранным судам через эту область, и, как всегда, выполнять свои международные обязательства в качестве ответственного члена международного сообщества.

Сокращения

АДМ.	Адмирал (Ранг ВМФ)
Обл/Отв.	Область ответственности
ВДПС	Военные действия против субмарин
БИМКО	Балтийская и Международная Морская Конференция
Капт.	Капитан (Ранг ВМФ)
Кмдр	Командир (Ранг ВМФ)
Кммдр	Коммодор (Ранг ВМФ)
КМПСЦ	Китайский морской поисково-спасательный центр
CNS	Корабль китайского ВМФ
КО	Командующий офицер
Пол.	Полковник (Армейский ранг или ранг ВВС)
COSCO	Китайская океанская перевозочная компания
Кпрл.	Капрал
КСА	Китайская Судовладельческая Ассоциация
ОГ	Объединённая группа
ПГТ	Полная грузоподъемность в тоннах
ЕС	Европейский союз
ФКГ	Федеральный корабль ВМФ Германии
ФК	Французский корабль ВМФ
ВНП	Валовой национальный продукт
АЗ	Аденский залив
ГКМСКЦ	Гонконгский морской спасательно-координационный центр
КЕВ	Корабль её величества (Объединённое королевство)
КЕВН	Корабль его/её величества Нидерландов
КХ	Корабль Хелленик (ВМФ Греции)
КЕВТ	Корабль его величества Тайланд
МТП	Международная торговая палата
Инмарсат	Международная морская спутниковая связь

IRTC	Международный Рекомендованный Транзитный Кори дор
К.И.ВМФ	Корабль Итальянского ВМФ
КМТ	Куоминтанг (Националистическая партия Китая)
ППВ	Площадка приземления вертолёта
ДКА	Десантный атакующий корабль
Лт.Кмдр	Лейтенант командир (Военно-морской ранг)
МИД	Министерство иностранных дел
Мин.Об.	Министерство обороны
ВОКВ	Военные операции кроме войны
Мин.Тр	Министерство транспорта
МСКЦМ	Морской спасательно-координационный центр Макао
ЦМБ – РА	Центр морской безопасности – Рог Африки
МС/ТС	Моторное судно, торговое судно
НАТО	Северо-Атлантический Альянс
ОМ	Офицер мостика
КНМД	Командующий на месте действия
НОАК	Народно-освободительная армия Китая
НОАК ВМФ	Народно-освободительная армия Китая ВМФ
К НР	Китайская Народная Республика
КАДМ	Контр-адмирал (Ранг ВМФ)
RAS	Пополнение в море
КРФ	Корабль ВМФ Российской Федерации
RIP	Пополнение в порту
К КР	Корабли ВМФ Корейской Республики
МВ	Место встречи
Ст.Кап	Старший капитан (Китайский морской спец. Ранг меж ду капитаном и контр-адмиралом)
Ст.Пол	Старший полковник (Армейский ранг или ранг ВМФ)
ПИС	Поиск и спасение
ФОЧТП	Фонд обменов через Тайваньский пролив
Серж.	Сержант
ГСО	Группа спец. Операций
STCS	Поддержка через гражданские корабли

STSCL	поддержка путём самонесущихся грузов
К ВМФ Т	Корабль ВМФ Турции
ДР	Действующая группа
Вр.Отп.	Время отправки
ОК	Объединённое Королевство
ООН	Организация Объединённых Наций
США	Соединённые Штаты Америки
К.США	Корабль ВМФ США
Вице.Адм	Вице Адмирал (Ранг ВМФ)
ВАПЗ	Визит, абордаж, поиск, захват
ОВЧ	Очень высокая частота
Вебсайт Меркурий	Вебсайт ЦМБ-РА
ГДР	Группа дальнего рыболовства
ВПП	Всемирная Продовольственная Программа ООН
РПБФ	Работники поддерживаюшие боевой фронт (во время кампании Хуайхай)

Глава 1

Эскорт операции ВМФ НОАК: Причины и последствия

26 декабря 2008 года, внимание основных средств массовой информации Китая и всего мира было сосредоточено на одном месте: военно-морской порт в городе Санья, провинция Хайнань, Китай. Прямо отсюда, первая группа сопровождения ВМФ Китая отправится к Аденскому заливу и к берегам Сомали, для выполнения эскорт операций.

Зимой, Санья была покрыта ярким солнцем и радостным теплом. На длинной пристани, цветные флаги развевались под бодрящую музыку в исполнении военно-морского оркестра. Все военные корабли, в военно-морском порту были при полном параде, и люди на берегу выстроились в своих великолепных нарядах. На бортах трёх модернизированных кораблей собирающихся идти на экспедицию, солдаты и офицеры в белых отделочных костюмах флота салютуют на палубе, что является самым торжественным церемониальным действием во флоте, и считается исключительно высокодуховным.

АДМ. Ву Шэнли, член Центрального военного совета и командующий ВМС НОАК и АДМ. Лю Сяодзянг, политический комиссар Военно-Морского Флота, а также другие морские начальники и лица из Министерства иностранных дел и Министерства транспорта, оплатили специальную поездку

26 декабря 2008 года, первая эскорт группа ВМС НОАК снялась с якорей.

сюда, чтобы проводить солдат и офицеров на эскорт миссию.

Торжественная парусная церемония подняла горячие порывы воздуха над широким военно-морским портом. "Поднять якоря!" Наряду с приказом командира целевой группы, военно-морской оркестр начал играть величественную мелодию «Народный Военно-Морской Флот Движется Вперед », и впечатляющие военные корабли медленно отчаливают, рассекая длинные дуги набегающих на берег волн.

История всегда будет помнить этот момент: 13:45 по местному времени, 26 декабря 2008.

Буйное пиратство Сомали

Сомали находится на полуострове Сомали в самой восточной части Африки. Сомали граничит с Кенией и Эфиопией на западе, Джибути на северо-западе, Аденским заливом на севере, и Индийским океаном на востоке. Сомали имеет вторую по длине береговую линию 3200 километров в Африке (в непосредственной близости от островного государства Мадагаскара) и изобилует рыбными ресурсами. Как и в стыке Азии и Африки, Сомали является центром коммуникаций, связующим звеном трёх континентов Азии, Африки и Европы, а также трех океанов Тихого океана, Атлантического океана и Индийского океана, с географическим положением большого стратегического значения.

Самые ранние признаки сомалийского пиратства можно проследить до начала 18-го века. Резкое увеличение морской торговли после открытия Суэцкого канала способствовало рождению «пиратской промышленности » в Сомали. Предварительно до 1990-х годов, как и в других прибрежных государствах, в Сомали произошли несколько пиратских нападений и вооруженных ограблений судов вдоль побережья Сомали, но они не оставили тяжелых последствий.

С начала Сомалийской гражданской войны в 1991 году, Сомали находилось в анархическом положении с сепаратистскими военными режимами , и непрерывной гражданской войной, уже более двадцати лет до сих пор.

Продолжающийся, вызванный войной, хаос и анархическое состояние, вызвали массовое обнищание и гибель сотен тысяч сомалийцев.

Многие сомалийцы с детства привыкли к жилым условиям, без нации, без правовой системы, без еды и без образования. Их память была заполнена голодом, войной, беженцами, вторжениями и бедствиями. В сознании многих сомалийцев, вчера было темным, полным голода, страх и муки для потерянных родственников, а завтра пустое, лишённое надежды или цели; и только сегодня, это то о чём человек может позаботиться.

В таких условиях «пиратская промышленность» получила расцвет и стала единственным средством выживания для некоторых сомалийцев. Безработные рыбаки и моряки превратились в основу пиратов и пиратские банды стали поддержкой для многих сомалийцев.

В середине 1990-х, несколько вооруженных сомалийских банд, которые утверждали, что имеют разрешение сомалийской береговой охраны, задержали

Буйное пиратство Сомали

рыболовные суда, которые вступили в территориальные воды Сомали, за незаконный рыбный промысел, и вымогали от них выкуп.

После 2000 года, все суда приблизившиеся или вошедшие в территориальные воды Сомали становились объектами нападений со стороны этих вооруженных банд.

С 2005 года, сомалийское пиратство стало всё более безудержным, с значительно увеличенным количеством атак, постоянно расширяющимися морскими районами, более скрытными и быстрыми действиями, и более разнообразными средствами.

Данные в публикации МТП Международного морского бюро, годового отчёта за 2008 год по пиратству и вооруженному разбою против судов, показывают, что в 2008 году сомалийские пираты в сумме совершили 111 нападений, в среднем один корабль каждые три дня, более чем в два раза превышая количество атак совершённых в 2007 году (51 атака) и более пяти раз больше, чем в 2006 году (22 атаки).

По неполным статистическим данным, в 2008 году в Сомали существовало 25-30 пиратских банд, более десяти раз больше, чем пятью годами ранее , и соответственно количество пиратов увеличилось от более 100 до более 1000.

Кроме того, оборудование используемое пиратами было обновлено.

Традиционные средства как веревки, палаши или копья уже использовались всё реже. Вместо этого, стали использоваться высоко-технологичные средства, такие как катера, винтовки М16, автоматы АК-47, пулеметы, гранаты, гранатомёты и переносные зенитно-ракетные комплексы, а также системы GPS навигации и позиционирования, и спутниковая связь, полностью применялись в их пиратской деятельности. Это расширило их атакуемую площадь, от вод вдоль сомалийского побережья до открытого моря, более тысячи километров, и сделало нападения более легкими и удобными.

Аденский залив, стратегический проход соединяющий Азию, Африку и Европу, известен как жизненная нить мирового судоходства. Каждый год около 20 000 судов из около 100 стран и регионов, 14% мировой морской торговли и 30% транспортировки нефти, а также почти 30% контейнеровозов и примерно 50% сухогрузов всего мира, должны следовать маршрутам, проходящим здесь.

Из-за отсутствия военной силы, Переходное Федеральное Правительство

Несколько лодок подозревающиеся в пиратстве притесняют торговый корабль в Аденском заливе.

Сомали не в состоянии контролировать ситуацию даже на суше, не говоря о море. И, как международное сотрудничество у берегов Сомали сталкивалось с трудностями, так и механизм морской безопасности еще не был там создан. Все эти факторы способствовали "Раю пиратства" у берегов Сомали.

Поэтому, эта область стали называть "Море Призрака" в западных СМИ, и "золотой канал" превратился в удивительные "Дьявольские Бермуды".

Пираты хитры в тактике. Они берут рыбацкие лодки или угнанные корабли для камуфляжа, вызывающие трудности при идентификации. Они используют передовые средства связи для повышения контроля, обмена информацией о целевых судах и организации сотрудничества и координации. Как только они устанавливают цели, они немедленно пускают небольшие лодки, чтобы подобраться к цели на высокой скорости. Сначала они обгоняют торговые суда и открывают огонь по надстройке и мосту, чтобы заставить суда снизить скорость и остановить двигатели. Затем они ставят лестницы и поднимаются на борт, поднявшись на борт, пираты силой берут моряков под свой контроль. Их действия настолько быстры, что весь процесс окружения, нападения, поднятия на борт и захвата контроля кораблём, как правило, осуществляется в течение 15-30 минут. После успешного захвата, пираты заставят моряков направить корабли в пиратские базы вдоль побережья Сомали. Между тем пиратские организации организуют посредников для ведения переговоров с судовладельцами или судоходными компаниями. Произошёл резкий рост размеров выкупа требуемого сомалийскими пиратами. Средняя сумма выплаченных выкупов в 2005 году составляет 150.000 долларов США, тогда как в 2008 году число резко увеличилось до 2.000.000 долл. США.

Акты сомалийского пиратства не только произвели серьёзное влияние на безопасность кораблей и экипажей, а также мировой морской экономики, но и представили повышенную угрозу международному миру и безопасности в этой области. В мае 2008 года, рынок страхования Лондонский Ллойд причислил Аденский залив к категории «военного риска». Каждый раз, когда корабли пересекают этот залив, они должны платить дополнительную страховую премию 10.000 ~ 20.000 $ США, за выкуп, начиная с $ 500.000 до $ 2.000.000, которыми судовладельцы могут сначала оплатить выкуп и позже получить возврат от страховых компаний.

Если суда, путешествующие между Азией и Европой выбрали не пересекать Суэцкий канал, чтобы держаться подальше от пиратов в Аденском заливе, тогда они должны сделать обход вокруг мыса Доброй Надежды на самом юге Африки. Это означает, что путешествие из европейских государств вдоль побережья Атлантического океана до Индийского океана будет увеличено на 5500 км ~8000 км, и плавание из стран Средиземноморья до Индийского океана будет увеличено на 8000 км ~ 10000 км. А также в страны, расположенные вдоль побережья Черного моря, расстояние будет увеличено примерно на 12 000 км. Изменение маршрутов означает, что срок доставки нефти танкерами будет отложен на 12 ~ 15 дней, что касается танкера, каждый лишний день в море означает увеличение расходов на 20.000 долларов США ~ 30.000.

Кроме того, сомалийское пиратство представляет серьезную угрозу для доставки международных гуманитарных материалов. В апреле 2009 года пираты разграбили MV MAERSK ALABAMA и напали на MV LIBERTY SUN, оба из которых являются американскими кораблями, которые подписали соглашение с Всемирной продовольственной программой и доставляли продукты на юго-восток побережья Сомали. MV MAERSK ALABAMA однажды перевёз продовольствие в гавань Джибути, и перевозил груз в порт Момбаса, Кения, когда был атакован и разграблен пиратами.

Помимо их угроз безопасности судоходных маршрутов, акты пиратства также разрушили региональное рыболовство. По некоторым данным, добыча тунца в Индийском океане сократилась на 30% в 2 0 0 8 году, отчасти потому, что рыболовные суда боялись быть захваченными пиратами. Это оказало очень большое влияние на некоторые страны, такие, как Сейшельские острова, где 40% дохода зависит от рыболовства.

Пиратство также косвенно повлияло на расходы, режимы и доходы

Команда атакованного пиратами корабля MV TIANYU 8, китайский тральщик, сидит на корме корабля под присмотром пиратов.

судоходства и торговли в африканском регионе. Суэцкий канал является искусственным каналом, который соединяет Средиземное море с Красным морем, а налоговые поступления от пересекающих канал судов, приходятся на важную часть египетского правительства. Власти канала заявили, что перевозка груза и налоговые поступления резко снизились, из-за спада в экономике и угрозы пиратства в Аденском заливе. Хотя разрешение № 733 Совета Безопасности ООН ввело долгосрочное эмбарго на оружие в Сомали, контрабанда оружия в Сомали беспокоит международное сообщество больше всего. С выкупами пираты могут руководить перевозкой контрабанды, незаконным оборотом наркотиков, торговлю оружием, а также незаконной контрабандой людей, чтобы увеличить выгоду от пиратства.

Разгул пиратства в сомалийских водах, также нанёс большой урон Китаю. Наряду с быстрым ростом экономики страны, Китай становится все более и более зависимыми от зарубежных рынков, энергии и ресурсов, а также морских стратегических проходов. Общий объем китайского импорта и экспорта приходится более 60% валового производства национального продукта (ВНП), 90% из которых опирается на морские перевозки. Морские линии поставок уже стали жизненно-важным элементом для экономического роста Китая.

С января по ноябрь 2008 года, 1265 китайских торговых судов проследовали через эту область, в среднем 3-4 судна в день, среди которых 20% были атакованы пиратами. В 2007 и 2008 годах, сомалийские пираты захватили пять китайских океанских торговых судов, в том числе MV QINGFENGHUA168, судно из Тайваня, MV TIANYU8, траулер из Тяньцзиня.

Реакции международного сообщества

Вопрос сомалийского пиратства привёл к кризису в море, но на самом деле корни на суше. Проблема пиратства просто концентрированное внешнее выражение многочисленных внутренних проблем, которые имели место на земле Сомали. Хотя международное сообщество, включая Организацию Объединенных Наций, оказало большие усилия, не было никаких признаков, что внутренняя ситуация в Сомали будет улучшена, для Сомали проблемы являются слишком запутанными и сложными. Сомалийское пиратство по-

Хотя международное сообщество неуклонно усилило защиту морских судов, пресловутое пиратство Сомали по-прежнему процветает.

прежнему создает серьезную угрозу.

В период между 2007 и 2011 годами, площадь сомалийского пиратства увеличилась с 200 морских миль от побережья Сомали до 1750 морских миль, охватывая южную часть Красного моря, Аденского залива и большую часть Индийского океана, включая Аравийское море и Сейшельские острова, с морской областью площадью около 4.000.000 квадратных километров, что в 1,5 раза больше площади европейского континента.

В связи с ростом сомалийского пиратства, с июня 2008 по декабрь 2012 года, Совет Безопасности ООН принял семь резолюций подряд, пять из которых были продлены от первоначально уполномоченного шести месячного периода действия до 12 месяцев, призывая страны содружества продолжать борьбу против сомалийских пиратов.

Столкнувшись с все более угрожающими масштабами сомалийского пиратства и в соответствии с Конвенцией ООН по международному морскому праву и Уставу Организации Объединенных Наций, 2 июня 2008 года Совет

Безопасности ООН принял резолюцию №1816, первая резолюция для решения вопроса касающегося сомалийского пиратства, которая санкционирует период в шесть месяцев для каждого государства, чтобы принять меры в соответствии с главой VII Устава Организации Объединенных Наций, требуя страны содружества, способные отправить свои военно-морские силы в эту область, для сотрудничества с переходным федеральным правительством и подавления актов сомалийского пиратства и вооруженного разбоя на море.

7 октября и 16 декабря 2008 года Совет Безопасности ООН принял резолюции №1838 и №1846 соответственно, продлевая уполномоченный период, указанный в резолюции №1816, на 12 месяцев. 16 декабря 2008 года Совет Безопасности ООН принял резолюцию №1851, которая расширила мандат государств, предоставляя что государства по просьбе Переходного федерального правительства Сомали могут «принять все необходимые меры, соответствующие в Сомали, для пресечения актов пиратства и вооруженного разбоя на море ».

Французские военно-морские коммандос захватили девять сомалийских пиратов. 27 января 2009 года.

Международное сообщество позитивно отреагировало на публикацию вышеупомянутых четырех резолюций Совета Безопасности ООН. Государства и организации, такие как Россия, НАТО и ЕС, и т.д., направили военные корабли в Аденский залив и в воды Сомали для эскорт миссии.

23 сентября, 2008 года, Адм. Высоцкий, главнокомандующий ВМФ России, заявил, что Россия решила отправить военные корабли в сомалийские воды для борьбы с пиратами, которые продолжали грабить суда вдоль африканского побережья. 21 октября русский эсминец RNS Удалой пересёк Суэцкий канал и проследовал к водам Сомали для патрулирования и эскорт миссий.

29 сентября ВМС США отправили дополнительные военные корабли к водам Сомали, и вместе с кораблями других стран, включая Россию, осадили вооружённый украинский корабль, который был захвачен пиратами.

17 октября, Министерство обороны Индии объявило, что они направят большой военный корабль в воды Сомали для патрулирования.

24 октября НАТО отправили три боевых корабля, соответственно из Великобритании, Италии и Греции, в сомалийские воды для защиты зерновозов ВПП.

8 декабря, ЕС официально активировал контр-пиратские операции, под кодовым названием операция Аталанта. ЕС направил шесть военных кораблей и три самолета морской разведки в воды Сомали, чтобы гарантировать безопасность ВПП зерновозов и других торговых судов, а также для предотвращения и борьбы с актами пиратства и других вооруженных ограблений в этой области.

20 декабря, Иран отослал военный корабль для патрулирования в Аденском заливе с целью защиты иранских судов от атак пиратов.

Экспедиция китайского ВМФ

"Если бы мир находился в хаосе, ни одно государство не имело бы спокойствия; Если бы государство находилось в хаосе, ни одна семья не имела бы спокойствия, если бы семья была в хаосе, никто бы не имел спокойствия." Такие острые замечания были даны китайским мудрецом еще две тысячи лет назад. Сегодня, наряду с экономической глобализацией, Земля стала "Деревней", в которой связь между людьми и между народами стала ближе. Где распространено сомалийское пиратство, любому государству будет трудно "иметь спокойствие".

Публикация резолюций ООН вызвала горячую дискуссию среди китайских экспертов, ученых и населения о том, что Китай должен отправить военные корабли для защиты и обеспечения безопасности судоходства в Аденском заливе. Весь народ Китая находился в ожидании того, что ВМС НОАК отправят боевые силы в Аденский залив, особенно в ситуации, когда китайские рыболовные суда и грузовые суда находились под частыми атаками пиратов и когда другие государства последовательно отправили свои военно-морские силы для выполнения эскорт миссии!

"Вся семья" первой целевой эскорт группы ВМФ НОАК: CNS Ухань, CNS Хайкоу и CNS Вейшаньху, а также вертолет.

На самом деле, прежде чем Китай направил военно-морские силы в сомалийские воды, г-н Аваль Али Куллане, посол Сомали в Китае, не раз отметил по разным поводам, что сомалийское правительство приветствует присутствие китайских ВМС в сомалийских водах для поддержания мира в море, и что независимо от того, как будет развиваться ситуация, Сомали всегда будет приветствовать ВМС НОАК в любое время и в любом месте.

17 декабря 2008 года, г-н Шейкхадан Мадобе, спикер Переходного парламента Сомали заявил, что Сомали приветствует решение китайского правительства направить военные корабли в воды Сомали для эскорт операций, и что, "как друг сомалийского народа и жертва актов пиратства", Китай должен играть важную роль в борьбе против сомалийских пиратов. После этого правительство Сомали официально пригласило китайское правительство направить силы в воды Сомали для пресечения актов пиратства.

20 декабря 2008 года, через три дня после официального приглашения от правительства Сомали, г-н Лю Цзяньчао, пресс-секретарь китайского министерства иностранных дел, торжественно заявил всему миру, что, в соответствии с соответствующими резолюциями Совета Безопасности ООН и, ссылаясь на практики соответствующих стран, китайское правительство решило направить военные корабли в Аденский залив и воды Сомали для эскорт миссии.

23 декабря, китайское Министерство обороны (МО) провело специальную пресс-конференцию. По приглашению, контр-адмирала. Сяо Синниань, заместитель начальника штаба ВМС НОАК, Ст.Капитан. Ма Люпинг, директор военно-морского бюро генерального штаба НОАК, и Ст.Пол. Хуан Сюэпинг, пресс-секретарь и заместитель директора (МО).

Информационное бюро, проинформировало относительно путешествия Народного ВМФ в Аденский залив и воды Сомали для эскорт миссии, а также ответило на вопросы корреспондентов.

Три дня спустя, а именно 26 декабря, первый корабль военно-морских сил Китая отплыл из города Санья, Хайнань, дав начало длительным плаваниям в Аденский залив, и стал третьей азиатской военно-морской силой сопровождения в Аденском заливе, после индийских и иранских военно-морских сил.

Первая целевая эскорт группа ВМФ НОАК состояла из двух эсминцев, вооружённых упраляемыми ракетами, CNS Ухань и CNS Хайкоу, и корабля снабжения, CNS Вейшаньху. На борту кораблей перевозились два вертолета и подразделение специального назначения, в общем количестве свыше 800 солдат и офицеров, с контр-адмиралом. Ду Дзингчен, начальник штаба ВМФ НОАК Юго-мороского флота, в качестве командира целевой группы.

За свою карьеру как человек ВМФ, контр-адмирал. Ду служил последовательно как моряк, корабль КО, командующий флотилией и командир военно-морской базы. Большую часть своей жизни он провел на

Первая целевая эскорт группа ВМФ НОАК. Сопровождает китайские торговые суда.

борту военных кораблей и имеет богатый военно-морской опыт, он много раз руководил целевыми группами военно-морских сил во время выполнения важных миссий. Но на этот раз 56-летний контр-адмирал был исключительно взволнован. Он был взволнован, потому что он мог лично возглавить целевую группу ВМФ НОАК, чтобы бороться за защиту национальных интересов и поддержания мира. Он глубоко чувствовал, что это славная миссия и большая ответственность, поскольку это было в первый раз, когда Китай нанял военные силы за рубежом, чтобы защитить национальные стратегические интересы, а также в первый раз, когда китайские вооруженные силы организовали военно-морские оперативные силы за границей, чтобы исполнить международные гуманитарные обязанности.

Первая целевая группа сопровождения ВМФ НОАК во главе с контр-адмиралом Ду проплыла через Южно-Китайское море, Малаккский пролив и Индийский океан и прибыла в акватории Аденского залива, проделав более 4.400 морских миль.

Те, кто знаком с китайской историей вскоре обнаружили, что этот маршрут почти перекрывает«Морской шелковый путь», по которому, Чжэн Хэ, древний китайский моряк, возглавил флот в Африку с добрыми намерениями ради коммерческих сделок 600 лет назад.

За несколько дней до отплыва целевой группы, новость, что китайские силы ВМС направятся в Аденский залив для эскорт миссии вызвал высокий интерес и широкое обсуждение среди основных международных СМИ.

Французская газета Le Figaro сообщила, что путешествие китайских военных кораблей в Аденский залив, заставляет думать о великолепных подвигах Чжэн Хэ во время семи путешевствий в начале 15 века. Издание The Times Великобритании отметило, что это был первый раз, когда китайские ВМС отправились из своих территориальных вод для защиты своих национальных интересов, что является великим историческим прорывом в политике Китая, и что это открыло новую эру в истории мировых ВМС.

Издание Associated Press США указало, что участие в эскорт миссии позволяет Китаю действовать своими военно-морскими силами в манере не угрожающей другим народам, а также одновременно показывает, что Китай готов и в состоянии защитить свои экономические интересы за рубежом. В статье издания The Guardian было написано, что большинство стран надеются увидеть Китай, играющего важные роли в подавлении пиратства.

The Financial Times опубликовало статью о том, что путешествие китайского военно-морского флота в Аденский залив для борьбы с пиратством является его первой военно-морской экспедицией с 15-го века и имеет эпохальное значение. В человеческой истории мореплавания, история семь путешевствий Чжэн Хэ, несомненно является великолепной главой, которую нельзя не учесть.

Чжэн Хэ, первоначально звался Сан-бао, он был китайским навигатором в династии Мин. Чжэн родился в мусульманской Хуэй-китайской семье. В двенадцать лет он был отправлен в суд принца Ян, один из сыновей императора Чжу по имени Чжу Ди, как евнух с низким социальным статусом. Но так как он был умен от природных богатств, он совершил несколько военных подвигов в процессе борьбы Чжу Ди за императорский престол. После вознесения Чжу Ди, как императора, Чжэн был провозглашён как Сан-Бао евнух.

В 1405 году, Чжу Ди, император Юн Лэ принял решение отправить Чжэн Хэ в качестве посланника в западные океаны. Под императорскими указами, Чжэн вёл свой флот в западные океаны в течение семи путешевствий. Маршруты начались с западной части Тихого океана, прошли через Индийский океан и достигли Западной Азии и восточного побережья Африки, охватывая более тридцати азиатских и африканских стран и регионов. Это происходило до 1433 года, когда Чжэн Хэ умер от болезни в Каликуте на западном побережье Индии на обратном пути из седьмого рейса, так что это 28-летнее крупномасштабное плавание пришло к завершению.

История семи путешевствий Чжэн Хэ показывает, что морские предприятия древнего Китая достигли большого процветания, а его технологии судостроения и навигационные возможности достигли пика в древнем обществе, оставляя блестящую страницу в истории мирового мореплавания. Согласно записям, флотилия Чжэн Хэ, достигнув наибольшего размера, составляла более 240 судов с более чем 27.400 матросов. В те времена для большинства стран мира, флот Чжэн Хэ считается несравненным от размера до мощи.

Памятник в честь плавания флота Чжэн Хэ, возведен в порту Адена

Гэвин Мензис, бывший офицер королевского флота Великобритании и морской историк, даже утверждал в своей книге “1421: Год Китай открыл Америку”, что флот Чжэн Хэ обнаружил американские континенты и Океанию раньше Христофора Колумба. А именно, путешествие Чжэн Хэ открыло американские континенты на 87 лет раньше, чем Христофор Колумб, на 92 года раньше, чем Васко да Гама, и на 114 лет раньше, чем Фердинанд Магеллан. Он открыл прямой маршрут соединяющий вместе запад Тихого океана и Индийский океан.

Сегодня, у входа в порт Аден, Йемен, стоит корабле-образный памятник в честь плавания флотов Чжэн Хэ. Гравировка на памятнике написана на китайском и арабском, которая гласит:

" Чжэн Хэ, великий китайский мореплаватель времён династии Мин, вёл свой флот в западные океаны в течение семи рейсов между 1405 и 1433 годами.

Согласно историческим записям, флот Чжэн Хэ посетил Аден, Йемен, пять раз между 1413 и 1432 годами н.э."

«Этот памятник воздвигнут за его память».

Что заинтересовало западного историка, это то, что, в отличие от западных навигаций и открытий, основной целью путешествий Чжэн Хэ было не устанавливать колонии за границей, но подтверждать могучую силу династии Мин и развивать добрую волю коммерческой торговли. Те, кто имеют хорошие знания китайской истории и философии знают, что радушие, доброжелательность, добрососедство и всеобщая гармония все это ведет к пацифистскому мышлению, которое, китайский народ отстаивал на протяжении веков.

Истории свойственно привязываться к совпадению. Чжэн Хэ бы никогда не предположил, что, 600 лет спустя, офицеры и солдаты целевой эскорт группы ВМФ НОАК будут путешествовать по маршруту, который он открыд, в Аденский залив, и стать пионером китайского флота которые мирно применяют свои силы в международных водах и демонстрируют имидж Китая в качестве ответственного члена международного сообщества.

Неудивительно, поэтому, многие западные СМИ описали экспедиции китайского ВМФ в Аденском заливе как "Флоты Чжэн Хэ подавляют пиратов".

Если то, что Чжэн Хэ распространял тогда в своих путешествиях под указами императора являлось дружбой и доброжелательностью, то мир и спокойствие, это то, что ВМС Китая привели сегодня в своей экспедиции в Аденский залив в ответ на призыв Организации Объединенных Наций - защищая безопасность китайских судов и персонала пересекающих Аденский залив и воды Сомали, и защищая безопасность судов, перевозящих гуманитарные материалы для международных организаций, таких как Всемирная Продовольственная Программа.

Глава 2

Эскорт группы ВМФ НОАК в действии

С начала первой эскорт миссии в январе 2009 года, китайские войска сопровождения эффективно достигли целей с помощью гибких эскорт мер, научной организации военных действий, и решительных действий во время различных чрезвычайных ситуаций. А именно, взяв в качестве первостепенной задачи, безопасность сопровождаемых кораблей и персонала, а также за счет использования силы, когда и где это необходимо, до сих пор они предоставили своевременную помощь для судов подвергшихся пиратской атаке, а также предоставили безопасные эскорт услуги для судов, которые были освобождены пиратами, провели успешные операции по спасению захваченных кораблей, и исполнили положительные международные гуманитарные операций по оказанию помощи.

Спасение атакованных судов

"Это китайская эскорт группа. Пожалуйста, свяжитесь со мной по каналу УКВ 16, если вам нужна помощь. "Это радио сообщение вещалось на китайском и английском языках, как эхо над Аденским заливом и вод Сомали в течение четырех лет.

Китайский корабль Хайкоу первой эскорт группы ВМФ НОАК предоставляет эскорт услуги для китайских торговых судов.

Для простых людей, это уведомление может показаться простым и даже скучным, не говоря уже, что оно транслируется в течение четырех лет без изменения; однако для торговых судов, проходящих через Аденский залив и сомалийские воды, оно звучит особенно знакомо и радушно. Услышавшие этот голос, знают, что китайские военные корабли находятся рядом, и они в безопасности.

В 09:30 местного времени 29 января 2009 года, китайский корабль Ухань первой эскорт группы ВМФ НОАК получил экстренный вызов: "Я под атакой нескольких быстроходных катеров пиратов. Я требую срочной помощи! "

Проверки показали, что сигнал бедствия был отправлен с ТС. ЕЛЕНИ Г, греческого торгового судна на расстоянии 24 морских миль.

Обычно, это занимает не более 30 минут от атаки к моменту, когда пираты уже контролируют торговые суда. Сейчас пираты уже преследовали торговое судно, и ситуация была критической!

Контр-адмирал. командующий Ду отдал приказ сразу отправить.

Вертолеты с солдатами спецназа для спасения. В тоже время военные корабли вступили в состояние первой боевой готовности, и приблизились к греческому торговому судну на большой скорости.

В 09:58 по местному времени, вертолеты пролетели над торговым судном. ТС. ЕЛЕНИ Г сообщил: "Нас преследуют три пиратские лодки. Есть четыре человека на одной лодке, и пять в другой. Ближайшая лодка находится только в одной морской миле от нас."

Вертолеты снизились, паря торговым судном. Контр-адмирал. Ду немедленно приказал им сделать предупредительные выстрелы. Тогда три сигнальные ракеты взорвались в воздухе. Увидев их, все лодки остановились, развернулись и уплыли на высокой скорости.

В 10:35 по местному времени, послышался голос капитана ТС. ELENI G в рубке китайского корабля Ухань: "Мы теперь в безопасности. Спасибо, китайскому ВМФ! Спасибо за ваши вертолеты и военный корабль! "

Греческое ТС. ELENI G был первым атакованным кораблём, который

Офицеры и солдаты пятой эскорт группы ВМФ НОАК проверяют подозрительные лодки.

успешно спасла эскорт группа китайского ВМФ. С тех пор такие операции постоянно происходили в Аденском заливе и водах Сомали, став неотъемлемой частью операций, которые все эскорт группы ВМФ НОАК должны испытать.

Во второй половине дня, 6 августа 2009 года, воздух был тяжелым в командном пункте третьей эскорт группы ВМФ НОАК. Пришёл сигнал тревоги от ТС Чженьхуа 25, китайский сухогруз, который, вскоре после отплытия из зоны эскорта ВМФ НОАК, увидел три подозрительных катера, похожие на пиратские, которые плавали вокруг.

В 15:55 по местному времени ТС. Чженьхуа 25 сообщил снова: "Две лодки движутся в направлении севера от моего правого борта. Другая находится в двух морских милях от меня. "

Очень критическая ситуация! Уже было слишком поздно плыть туда на военном корабле, даже на полной скорости, так что единственным выбором было послать туда вертолет для спасения.

Но в тот момент, существовала проблема для целевой группы: вертолет был на борту китайского корабля Чжоушань десятки километров от места происшествия и они никак не могли добраться до него, подсчитанный против диапазона вертолета. И не было никакого вертолета на борту китайского корабля Циандаоху который был ближе всех к терпящему бедствие судну!

Контр-адмирал. Ван Джигуо, командир сил ВМФ НОАК, принял решение применить тактику "скачок": "корабль Чжоушань, отправляйтесь к месту происшествия на полной скорости. Вертолет, с солдатами спецназа на борту отправляйтесь на место происшествия для спасения. Вы можете приземлиться на борту корабля Циандаоху для дозаправки, а затем продолжайте полет к

Скоростные лодки отправились от корабля Ухань для патрулирования.

месту происшествия."

В 16:18 по местному времени, вертолёт вместе с солдатами спецназа и оборудование, как пулемёты и ракетницы, быстро взлетел с борта корабля Чжоушань.

В 17:52 по местному времени, вертолет сообщил: "ТС Чженьхуа 25 в поле зрения. Количество лодок вокруг и за кормой увеличилось до восьми, каждая из которых несет 5 - 6 человек. Некоторые из них приближаются к ТС. Чженьхуа 25 на высокой скорости."

“Сделайте предупредительные выстрелы!” приказал командир.

"Бах! Бах! Бах! ... " Солдаты спецназа выстрелили девять шоковых картриджей и три сигнальные ракеты подряд. Понимая, что ситуация была неблагоприятной для них, пиратские лодки немедленно развернулись и быстро удалились, исчезая в огромном море. Опасная ситуация была успешно устранена.

"Тревога, Тревога, Тревога! ... "Тревожный сигнал бедствия пришел внезапно из УКВ радиотелефона корабля ВЭНЬЧЖОУ 6 июня 2011 года. Оно было от капитана ТС. Хайдарабад, пакистанское судно. "Одна пиратская лодка замечена. Расстояние 1.5 морских миль. Оружие и лестницы видны ".

В то время, ТС. Хайдарабад находилось на расстоянии 25 морских миль от эскорт группы ВМФ НОАК. Ст.Капт. Хан Сяоху, командир восьмой целевой эскорт группы решительно приказал: "вертолет, взлет и предупредительные

Бортовой вертолёт содействовал эскорт операции

Лодки запущенные с корабля Чжоушань приближаются к ТС Чженьхуа14 для бортовой защиты

выстрелы, чтобы отогнать их! Корабль Вэньчжоу, приступить к сотрудничеству с ТС. Хайдарабад, и опустите на воду скоростные лодки для сопровождения торгового флота! "

Через двадцать минут, вертолет находился над ТС. Хайдарабад. Напуганные мощной силой, пиратский корабль сердито удалился ...

И снова кризис был преодолён без пролития крови. И снова торговые корабли были спасены от хищений пиратов. Безопасные, эффективные и ответственные эскорт операции сделали ВМС Китая надежным "защитным зонтом", поэтому все больше и больше китайских и иностранных торговых судов скорее даже предпочтут отложить дату отплытия и понести экономические потери, чтобы воспользоваться услугами эскорт группы ВМФ НОАК, ради безопасности.

3 августа 2010 года, ТС. Байлучжоу, связанное с китайской компанией Sinotrans Changhang Group Limited, ждали четыре с половиной дня около точки Браво в западной части Аденского залива, чтобы присоединиться к эскорт группе ВМФ НОАК. В соответствии с международными котировками доставки, арендная плата за корабли составляла более $ 20 000 по крайней мере, так что вычисленный убыток составлял почти 100,000 долларов США.

17 сентября 2010 года торговые суда, которые вступили в 245-й восточный конвой китайского ВМФ собирались на Точке Браво. К тому времени, ТС.

Синнове Кнутсен, судно перевозившее химический груз из Норвегии, отплыло на 90 морских миль от точки Браво самостоятельно. Для обеспечения безопасности, судовладельцев компания попросила капитана повернуть обратно к точке Браво и присоединиться к эскорт группе ВМФ НОАК.

ТС. Крисса, греческий балкер, был завсегдатаем конвоев ,которые сопровождались китайским ВМФ. Почти каждый раз, когда она проходила мимо Аденского залива, она делала все возможное, чтобы присоединиться к конвою китайского ВМФ. 26 сентября 2010 года морской даты ТС. Крисса прибыло на пять дней раньше, чем график эскорт группы китайского флота. Так что судовладельческая компания и моряки были очень запутанны. Если они решили присоединиться к конвою китайского флота , они должны были бы дрейфовать на Красном море в течение пяти дней, что приведет к US $ 100 000 потерь, связанных с задержкой графика судоходства. Если бы они выбрали другие способы, то была бы скрытая опасность в безопасности. Ради безопасности, 22 членов экипажа совместно предложено присоединиться к конвою китайского флота. Таким образом, они решили присоединиться к конвою ВМФ НОАК.

К 9 августа 2012 года, эскорт группы ВМФ НОАК успешно выполнили: 482 конвоев, в общем количестве 4758 китайских и иностранных судов, среди которых 2315 были иностранные суда, что составляет около 48,6% от общего числа; спасены 41 судно ,которые были преследованы и атакованы пиратами, 50% из которых были иностранными судами, и четыре раза предоставлен эскорт для ВПП зерновозов, обеспечивая 100% безопасность сопровождающихся кораблей.

Эскорт освобождённых кораблей

Как правило, пираты освободят захваченные корабли после того ,как получат выкуп от компаний судовладельцев. Но поскольку есть ряд пиратских банд и группировки в Сомали, угнанные корабли, которых освободили после уплаты выкупа могут быть угнаны снова другой группой пиратов. 13 июня 2011 года, египетский корабль ТС Суэцкий канал был освобождён за выкуп, после содержания под давлением сомалийских пиратов в течение десяти месяцев.

Рискуя попасть под волны выше трех метров, Лодка китайского корабля Гуанчжоу принимает коммандос, которые закончили охранять борт корабля ТС TAISU6.

Однако, 15 июня, он снова был атакован другой бандой пиратов. К счастью, через 40 минут контр-атаки, в конце концов моряки дали отпор пиратам, в результате всё обошлось без жертв среди моряков . Чтобы предотвратить их корабли от захвата, компании могут потребовать военные корабли ВМФ НОАК, чтобы обеспесить безопасный эскорт выпущенных судов. Это называется "Эскорт операции для освобождённых судов"

6 апреля 2009 года, ТС. Вин Фар 161, траулер из Тайваня, Китай, был захвачен сомалийскими пиратами. На борту были 30 моряков, в том числе два из Тайваня, пять из материкового Китая, шесть из Индонезии и 17 из Филиппин.

В феврале 2010 года ТС. Вин Фар161, который был захвачен сомалийскими пиратами уже более десяти месяцев, должен был быть освобожден. Тайваньская Win Far Fishery Group (WFFG) подала официальную заявку в Китайскую судовладельческую ассоциацию (CSOA) с просьбой ВМС Китая взять на себя сопровождение ТС. Вин Фар 161.

При получении сообщения, CSOA немедленно связалась с Китайским морским поисковым и спасательным центром и китайским ВМФ, и координировал весь процесс спасения и эскорта.

Менее чем через полчаса после отъезда пиратов, китайский корабль ВЭНЬЧЖОУ четвертой эскорт группы ВМФ НОАК встретился с ТС. Вин Фар.

Во время задержания ,в течение; десяти месяцев, все материалы на борту ТС Вин Фар 161, в том числе обуви экипажа, были очищены. Оставшегося дизеля хватило лишь на три дня, а у тридцати матросов было плохо со здоровьем.

Как капитан Янь Шенгнан вспоминал: «Мы запросили дизельное топливо и еду, и материковые военные корабли прислали лодки и передали нам основные и не основные продукты питания как овощи, фрукты, свинину и курицу. Они были настолько вдумчивым, что они обеспечили физическое обследование и психологические рекомендации для экипажа. Кроме того,материковые военные корабли послали за шестью техниками, чтобы

Вертолет целевой группы ВМФ НОАК парит над торговым судном, во время сопровождения.

помочь отремонтировать оборудование на борту."

Затем корабль ВЭНЬЧЖОУ провел девять дней и ночей сопровождая ТС. Вин Фар 161 в воды Шри-Ланки. 4 марта ТС. Вин Фар 161 прибыл в порт Гаосюн, Тайвань, в целости и сохранности.

Сегодня в конференц-зале китайской ассоциации судовладельцев лежат два кристальных трофея соответствующие дизайну ТС. Вин Фар 161. Под каждым трофеем были китайские слова означающие« (То, что я получил от вас) братскую любовь и доброту» и «Вы справились с моей экстренной ситуацией своими стратегиями», подписал с "Се Лонгин, генеральный директор группы Taiwan Win Far Fishery".

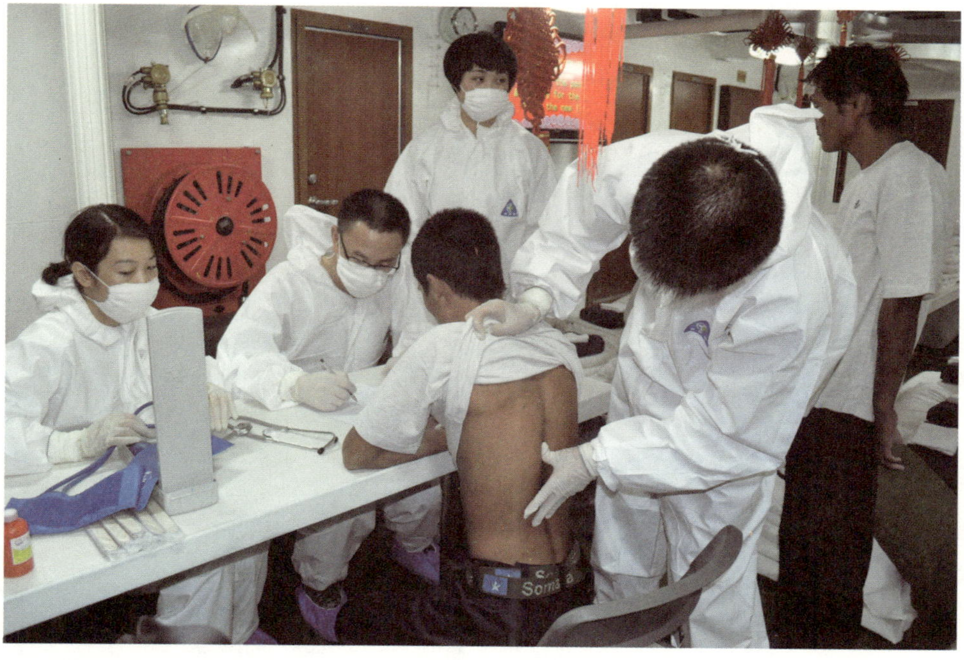

Медицинский персонал организовал первый медицинский осмотр для спасенных моряков.

"Они подарены, чтобы выразить сердечную признательность всего коллектива WFFG, материку за свои доброжелательные эскорт услуги." Сказал г-н Се. 18 марта 2010 года, г-н Се Лонгин генеральный директор WFFG вместе с Янь Шенгнан, капитаном ТС. Вин Фар 161, пришли к CSOA чтобы выразить благодарность лицом к лицу за его координирование эскорт миссии для ТС Вин Фар161.

"Без помощи китайского военно-морского флота, китайская ассоциация судовладельцев и китайский морской поисковой и спасательный центр, ТС. Вин Фар 161 никогда бы не вернулся в Тайвань так гладко!" Сказал капитан Янь Шенгнан. "Только выражение благодарности лицом к лицу может передать нашу признательность за такую незабываемую помощь".

Случайно произошёл подобный случай. В июле 2012 года, китайский корабль Чанчжоу, военный корабль двенадцатой эскорт группы ВМФ НОАК по пути в Аденский залив и воды Сомали, предоставил успешный эскорт сервис для освобождённого тайваньского траулера ТС. Сюфу № 1, который был у пиратов более 570 дней, безопасно конвоирован в порт Дар-эс-Салам, Танзания.

17 июля 2012 года, после восьми последовательных дней и ночей высокоскоростного плавания по бурному морю, китайский корабль Чанчжоу прибыл в определенную область у берегов Сомали ,чтобы стоять как было запланированно. В рубке судна Чанчжоу, все были начеку и в полной боевой готовности, и наблюдающий персонал внимательно смотрел на экран радара и различные инструменты наблюдения. Все были в напряжении. Минуту назад они обнаружили освобожденых моряков, одной минутой раньше моряки могли избежать опасности. Тем не менее,

прошло несколько часов, и всё ещё не было никаких признаков освобождённых моряков на экране радара.

"Экипаж торгового корабля Xufu № 1, вас вызывает китайский ВМФ". "Экипаж торгового корабля Xufu № 1, вас вызывает китайский ВМФ ". Корабль Чанчжоу продолжал вызывать через УКВ-радиостанции, но не было вообще ни одного ответа. Минуты тикали, старший капитан Ван Мингйонг, в качестве командира, решил отправить в лодки для поиска освобожденых моряков.

Именно в это время, море стало бушевать всё сильнее и сильнее, и две лодки были брошены на пик волны в один момент, затем упали к основанию следующей волны. Осторожно управляемые операторами, лодки стабильно

Первые спасённые моряки ступили на борт корабля.

Солдат и офицеров целевой эскорт группы дают обет перед пяти-звёздочным красным флагом.

приблизились к берегу.

В 16:40 по местному времени, на УКВ радио передадтчик пришло смешанное сообщение: "Я нашел освобождённых моряков. Они все на пляже. Я прошу разрешения на принятие их на борт. "Неожиданно, море стало слишком бушующим, лодки не смогли подобраться к берегу, несмотря на несколько попыток.

Вскоре оно стало темнее и темнее. Если бы освобождёные моряки не были сопровождены к военному кораблю вовремя, то они могли бы быть снова похищены пиратами. Тогда, старший капитан Ван Мингйонг приказал сразу отправить вертолет, чтобы забрать освобождённых моряков.

При сильном ветре, вертолет взлетел с палубы и полетел в сторону берега. На пляже, 26 освобождённых членов экипажа, в потертой одежде и босыми ногами, размахивали одеждой в руках и побежали к вертолету с восклицаниями.

Область вокруг была полностью песчанной, вертолет не мог приземлиться. Наконец, вертолет завис на малой высоте над участком пляжа около десяти метров в ширину. Спецназ спустился на землю и занял оборонительную позицию в целях осторожности, создав защитный экран вокруг 26 освобождённых моряков.

В 17:40 часов по местному времени, первые три матроса были успешно доставлены на военный корабль. Как только вертолет приземлился на взлетной палубе корабля кит. ВМФ Чанчжоу, Ли Хэ, один из освобождённого экипажа, торопливо выпрыгнул из вертолета, и крикнул другим морякам со слезами на глазах: "Это наш корабль! Мы теперь в безопасности! "

В тот момент, море и небо постепенно растворились в сумерках. Чем темнее становилось, тем труднее будет спасение. Корабль Чанчжоу начал гонку со временем. Вертолет взлетел сразу после того как первая группа спасённых моряков спустились вниз, затем он возвращал группы оставшихся моряков одну за одной.

В 18:20 по местному времени, пятая группа из семи моряков вернулась, все 26 моряков прибыли на борт корабль Чанчжоу в целости и сохранности. В тот момент, г-н Ву Чаои, капитан ТС.Сюфу № 1, спрыгнул с вертолета, Капитан. Ян Яо, политический комиссар корябля ВМФ Чанчжоу, держал его крепко обеими руками: "Ты дома! Добро пожаловать!"

Без паузы, они начали снова. Корабль китайского ВМФ Чанчжоу изменил курс и сразу проследовал к порту Дар-эс-Салам, Танзания. Одновременно, дуйствуя с заботой и позволяя освобождённому экипажу "забыть прошлое и подготовиться к дому", следуя плану ,который искусно спланирован и организован экипажем корабля Чанчжоу, и был реализован шаг за шагом. 26 моряков получили предметы первой необходимости, такие как постельное белье, комплекты из придметов гигиены, нижнее бельё, верхнюю одежду и обувь, которые были подготовлены специально для них кораблём Чанчжоу. После того как они приняли душ и надели новую одежду, моряки, которые

Китай и Вьетнам тесно связаны

пережили несчастья приняли совершенно новый облик, собираясь в каютах для мед-осмотра и отдыха.

Утром 21 июля, после четырех последовательных дней плавания, корабль китайского ВМФ Чанчжоу прибыл в порт Дар-эс-Саламе. Затем после того, как сотрудники китайского посольства в Танзании поднялись на борт, состоялась короткая церемония подписания между посольством и кораблём Чанчжоу в кают-компании.

В 09:45 по местному времени, когда они уже собирались покинуть корабль Чанчжоу, 26 моряков, а именно весь экипаж ТС. Сюфу № 1, выстроились на палубе. Г-н Ву Чаои, капитан, сделал низкий поклон, для провожавших их солдат и офицеров: "Пожалуйста, позвольте мне выразить от имени 26 моряков, самое высокое уважение эскорт группе китайского ВМФ. Спасибо всем, солдатам и офицерам на борту корабля Чанчжоу, за все, что вы сделали для нас! "

За четыре года с момента первой экспедиции сопровождения, эскорт группы ВМФ НОАК последовательно выполнили задачи по обеспечению эскорт услуг множеству освобождённых кораблей, включая ТС. Десинхай ТС. Вин Фар 161, ТС Юансянг и ТС Сюфу № 1, обеспеченив их безопасность на сто процентов.

Спасение захваченных кораблей

Во время эскорт миссий, спасение угнанных кораблей является самым сложным и трудным. В ситуации, когда суда находятся под контролем пиратов, морские спасательные операции должны быть исполнены чрезвычайно осторожны, или они могут привести к жертвам среди членов экипажей угнанных кораблей, или даже сил ВМФ. Таким образом, операции по спасению угнанных кораблей является большим испытанием для оперативных возможностей эскорт групп ВМФ. Это нынешняя практика эскорт отрядов ВМФ мира, что спасательные операции, как правило, определяются лично президентом и осторожно осуществляются военно-морского флотом.

20 ноября 2010 года, шестая эскорт группа, которая была на эскорт миссии в течение четырёх месяцев, встретилась с седьмой группой, которая прибыла, чтобы заменить их в Аденском заливе. В то утро, пять китайских военных кораблей, а именно корабли китайского ВМФ Кунлуншань, Ланьчжоу, Чжоушань, Вейшаньху и Циандаоху, конвоировали 27 китайских и иностранных торговых судов в восточном направлении, в то время корабль Сюйчжоу сопровождал ТС. Лецонг, который ускользнул от нападений пиратов , в порт Салала, Оман.

Конвой состоящий из 32 кораблей находился в могучем формировании,

Корабль китайского ВМФ Сюйчжоу спасает торговое судно Тай Анкоу силой.

растягиваясь на десятки километров. Море было спокойным, и все казалось нормальным. В 11:00 утра, дежурный на борту флагмана получил приказ от вышестоящей: ТС. Тай Анкоу , специальный китайский грузовой корабль, был атакован пиратами в Аравийском море недалеко от Омана. Четверо пиратов были на борту, а также 21 член экипажа находились в "безопасной кабине", ожидая помощи. Высшая власть приказала им немедленно направить силы для их спасения!

Так как пираты были на борту, если бы помощь не была предоставлена своевременно, экипаж судна мог бы быть захвачен пиратами! Ситуация была настолько срочной, что эскорт группа немедленно активировала план спасения!

В настоящее время, пять военных кораблей находились на эскорт миссии на расстоянии около 700 морских миль в восточном направлении, а китайский корабль Сюйчжоу, который на тот момент сопровождал ТС. Лецонг, находился гораздо ближе, на расстоянии 400 морских миль, было относительно ближе, примерно в 400 морских милях. Таким образом, командование эскорт группы сразу скорректировало развёртывание сил, перераспределяя группы в спасательные отряды и эскорт отряды: для сопровождения ТС. Лецонг, прилагаемый метод эскорта был изменён на доставку спецназа на борт, для обеспечения защиты. Кораблю Сюйчжоу было приказано направиться к месту присшествия на полной скорости для оказанию помощи; Кораблям Кунлуншань и Чжоушань было приказано следовать за ним на полной скорости, для поддержки; Корабли Ланьчжоу, Вейшаньху и Циандаоху должны были продолжать эскорт 27 торговых судов в восточном направлении.

В 11:44 по местному времени, корабли спасательного формирования вступили в контакт с компанией, которая была связана с ТС. Тай Анкоу, подтверждая, что там находились все 21 член экипажа. Как сообщили в компании судовладельцев, у них были разговоры с пиратами. Поскольку пираты отказались выполнить запросы компании поговорить с экипажем, было принято решение, что пираты не возьмут ни одного моряка в качестве заложника.

В 22:35 по местному времени, после почти одиннадцать часов радио разъединения, спасательным кораблям удалось войти в контакт с экипажем, который находился в бедственном положении. Согласно отчету от матросов, все они вошли в кабины безопасности своевременно согласно антипиратскому плану, и не находились в обстановке опасной для жизни. Но в связи с длительным пребыванием в горячих, анаэробные каютах безопасности, некоторые члены экипажа уступили нетерпению. Таким образом, спасательная команда призвала экипаж держаться и ждать помощи от военных кораблей.

В 02:57 по местному времени, 21 ноября, корабль китайского ВМФ Сюйчжоу прибыл на тоску в 20 морских милях от ТС Тай Анкоу. Тогда корабельный вертолет пролетел над ТС. Тай Анкоу для разведки. Они сделали психологическое наступление на пиратов, которые могли скрываться

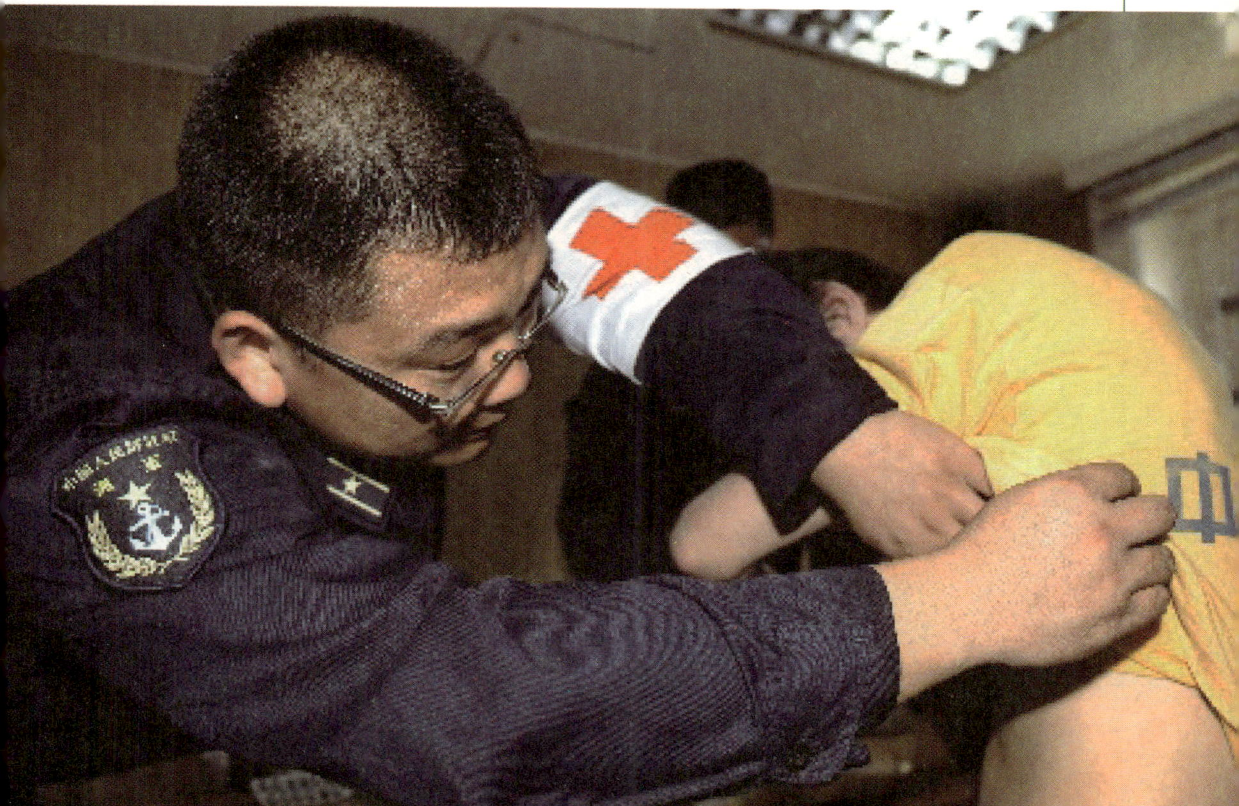

Медицинский офицер ВМФ НОАК лечит больного моряка

на корабле, вступили в контакт с экипажем и предложили им психическое руководство и умиротворение.

В 08:29, командир спасательного судна приказал кораблю Сюйчжоу начать спасательную операцию. Блокирующий и прикрывающий вертолет взревел, и две лодки с восемью солдатами спецназа отправились к ТС. Тай Анкоу на высокой скорости. Солдаты спецназа разделились перед поднятием на борт ТС Тай Анкоу. Двое из них охраняли главный мостик на палубе и командные высоты соответственно, блокируя возможные выходы, которыми могли бы воспользоваться пираты. Остальные шесть сформировали поисковую группу, и провели тщательное расследование в рубку и семь слоёв палуб кают экипажа, следуя последовательности сверху вниз и от центра к бокам.

Сервис бортовой защиты.

Открытие двери, разбег в стороны, блокировка ... все тактические действия солдат спецназа были сделаны с большой натяжкой в молчаливом сотрудничестве.

В 09:53 по местному времени, после 80 минут обыска кабины, атакующая группа спецназа сообщила: "Все пираты на борту ТС Тай Анкоу бежали прочь. 21 член экипажа были спасены и находятся в целости и сохранности ."

Позже, медицинский персонал поднялся на корабль и предоставил лечения, как гемостаз, очистка ран и перевязывание для двух членов экипажа, которые были ранены осколками. Исследователи обнаружили на борту следы от выстрелов, осколки снарядов, гильзы, а также одежду и топоры, которые оставили пираты.

Т.к. коммуникационное оборудование и система охранной сигнализации были уничтожены, корабль Сюйчжоу отправил за инженерами для ремонта основной электростанции, различных вспомогательных механизмов и оборудования связи на борту.

Спасение ТС. Тай Анкоу было первой операцией, в которой группа ВМФ НОАК направила силы на борт судна, терпящего бедствие, чтобы справиться с опасными ситуациями, и это было высоко оценено со стороны международного сообщества. Офицер международных программ ВМС США утверждает, что в ситуации, когда экипаж спрятался в безопасное место, и получить информацию о пиратах было невозможно, риск с которым столкнулась группа солдат спецназа ВМС Китая, которые столкнулись и справились с такими опасными обстоятельствами на захваченном пиратами корабле впервые, был таким же, как в реальных боевых действиях, и их тактические действия были очень профессиональны.

Международная гуманитарная помощь

Моряки бороздящие океаны по всему миру являются особым сообществом. Они не только испытывают дикие ветра и волнения моря, но и сталкиваются с домогательствами и нападениями пиратов, и вероятно, страдают от различных проблем, таких как заболевания и травмы. Медицинские и жизненные условия на бортах морских судов ограничены, поэтому единственная надежда матросов это просить о помощи от флотов на просторах Индийского океана.

10 ноября 2008 года, филиппинское ТС. Столт Стренгт было захвачено сомалийскими пиратами. После четырех месяцев задержания, корабль был освобожден пиратами 21 апреля 2009 года. Из-за длительного задержания, корабль почти не имел на борту первостепенных для жизни материалов и медицинских препаратов, а также предметы первой необходимости и безопасность для жизнедеятельности 23 членов экипажа не могла быть гарантирована. Они плыли по воде в 120 морских милях к востоку от Сомали,

нуждающиеся в срочной военно-морской помощи.

По просьбе филиппинского министерства иностранных дел, вторая целевая эскорт группа ВМФ НОАК направила китайский корабль ВМФ Хуаншань к месту положения филиппинского корабля, он плыл вперед днем и ночью на протяжении более 500 морских миль, чтобы принять на борт экипаж ТС. Столт Стренгт.

25 апреля, корабль Хуаншань прибыл в пункт приема, и снабдил продуктами, питьевой водой и некоторыми лекарствами освобождённый корабль.

"Во время эскорта, проводимого кораблём Хуаншань, пираты попытались напасть на ТС. Столт Стренгт "снова напомнил Абелардо Пачеко, 62-летний капитан. "Это была другая банда пиратов. У них были четыре белые лодки, и они находились на фланге нашего корабля. У большинства пиратов в руках

Корабль китайского ВМФ Хуаншань во время эскорт миссии.

были АК-47, но на борту нашего корабля, не было ничего, что можно было бы назвать 'оружием', за исключением некоторых кухонных ножей. "

В тот критический момент, корабль Хуаншань срочно двинулся вперед, и вертолет взлетел. Увидев это, четыре пиратские лодки остановили погоню за ТС. Столт Стренгт и развернулись одна за другой.

Через три дня и три ночи путешествия, корабль китайского ВМФ Хуаншань сопроводил ТС. Столт Стренгт в безопасную зону.

При расставании с кораблём Хуаншань, капитан Абелардо сказал солдатам и офицерам через УКВ: "Спасибо всем сердцем и душой. Я расскажу всему миру, что это китайский военно-морской флот спас наши жизни."

В начале мая, ТС. Столт Стренгт вернулось в Манилу. Мистер Ноли де Кастро, вице-президент Филиппин, отметил, что эскорт миссия ВМФ НОАК в Аденском заливе и водах Сомали, а также помощь, которую они предоставляют для судов других стран включая Филиппины, были истинным отражением поведения Китая как ответственной силы.

В 04:55 по местному времени, 23 июля 2009 года, внезапно раздался звонок по дежурному телефону в рубку корабля китайского ВМФ Вейшаньху во время сопровождения 222-го конвоя. Это был телефонный звонок с приказом от командования целевой группы: " член экипажа корабля ТС Кипр Рикмерс Доха был ранен в ногу. Приготовьтесь отправить туда медицинскую бригаду, чтобы обеспечить лечение ".

Получив информацию, командир корабля Вейшаньху решил послать за доктором Ляо Сяоцянг, главным хирургом, г-ном Ни Чуанбином, анестезиологом и г-жой Ли Цайся, старшей медсестрой для проведения лечения.

Около 07:00 по местному времени, как только получив разрешение от командования целевой группы, три медицинских работника отправились к ТС. Рикмерс Доха на лодке. Т.к. ветер сильно дул и море бушевало, они промокли с головы до ног.

После захода на борт, медицинский персонал ВМФ Китая провели тщательную диагностику раненого матроса, удалили вытекающую кровь из раны, а затем очистили и дезинфицировали. После инъекции анестетика, врач залечил и зашил нерегулярную рану, и ввёл пациенту противостолбнячную

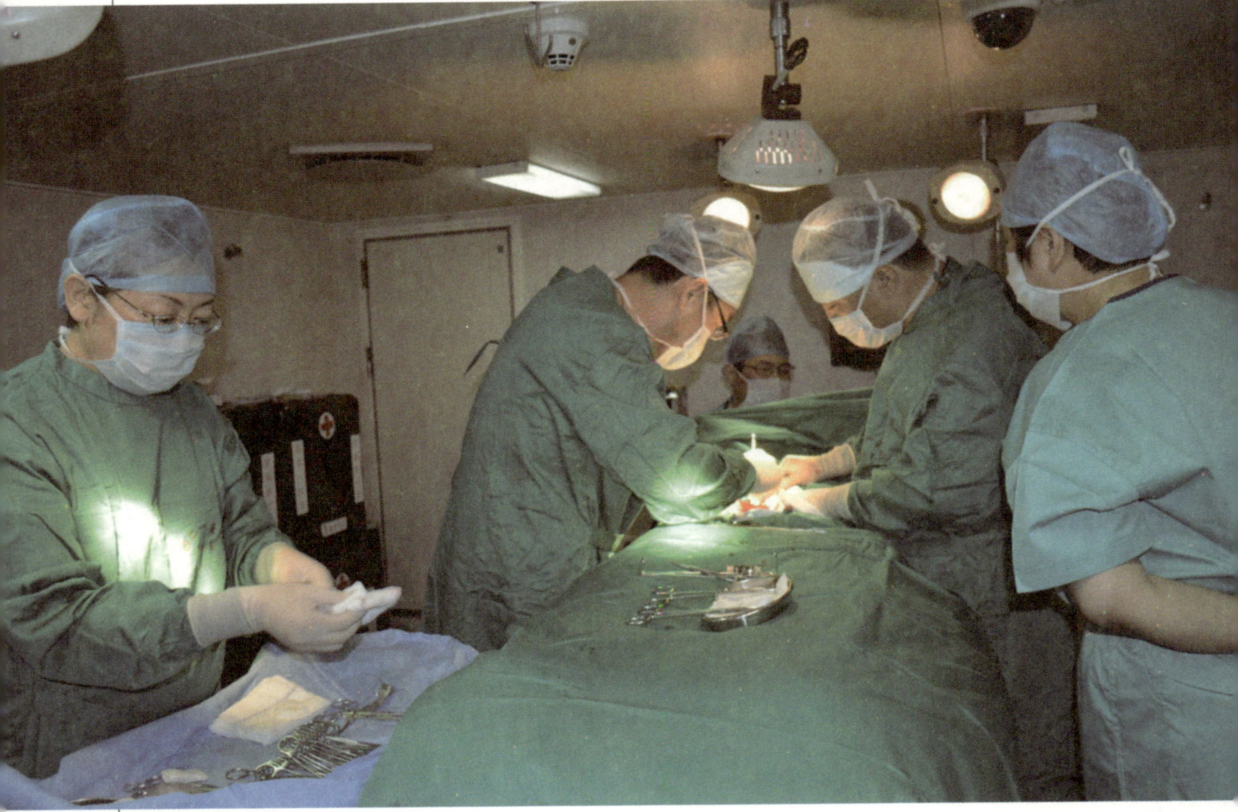

Команда медиков проводит операцию.

прививку.

Перед тем как, сойти с судна, медицинский персонал оставил некоторые антибиотики ввиде таблеток для пациента и рассказал ему на что обращать внимание. Капитан Панайотис Катескис взволнованно сказал: " Эскорт флот китайского ВМФ безупречен! Ваше обслуживание и забота настолько вдумчивые, что я действительно не могу найти слов, чтобы выразить мою благодарность!"

Медицинский персонал вернулся на лодку. Когда они оглянулись, они увидели, что экипаж ТС. Рикмерс Доха махали им шляпами на прощание.

В конце февраля 2010 года, ТС. Венус Аполло, греческое торговое судно, которое прежде было захваченно пиратами, наконец было освобождено. По просьбе Греции, ВМС Китая приняли решение направить корабль ВМС Вэньчжоу, военный корабль четвертой целевой эскорт группы, для сопровождения данного корабля.

В то время, корабль китайского ВМС ВЭНЬЧЖОУ был на пополнении запасов провизии в порту Шри-Ланки, Коломбо, более 1800 морских миль от района миссии. Получив задачу, корабль поплыл на полной скорости в течение трех дней и ночей и прибыл в морскую область близ Гаракад, Сомали, 27 февраля, где встретился с ТС. Венус Аполло.

28-го числа, по просьбе капитана ТС. Венус Аполло, корабль ВМС Китая ВЭНЬЧЖОУ отослал солдат спецназа на лодке, чтобы сделать досмотр, а затем провести дозаправку, а также снабдиться пресной водой и продовольствием для корабля. Наконец ТС. Венус Аполло был сопровожден к безопасной зоне.

Военный корабль ВМФ НОАК предоставляет эскорт услугу для иностранного торгового корабля.

MAERSK
MAERSK
SEALAND

Бортовой вертолёт ВМФ НОАК патрулирует сопровождаемые торговые корабли.

Греческий магнат доставки морем на борту корабля китайского ВМФ Гуанчжоу, чтобы выразить свою благодарность целевой группе ВМФ НОАК за их эскорт услуги, предоставленные освобождённому кораблю своей судоходной компании.

Капитан корабля взволнованно сказал: "У нас есть собственные военные корабли сопровождения в Аденском заливе, но это был китайский военный корабль ВМС, который пришёл нам на помощь! Каждый из нас глубоко чувствовал особую заботу и помощь со стороны китайского правительства и ВМС НОАК! "

ТС. Венус Аполло является аффилированным Navios Maritime Holdings Inc. Управляемое г-жой Анжилики Франго, дочери греческого судовладельца г-на Франгоу. Пять месяцев спустя, когда пятая эскорт группа ВМФ НОАК посетила греческий порт Пирей, 85-летний Франгоу, в сопровождении своей дочери и высших должностных лиц корпорации, оплатил специальную поездку на борт корабля китайского ВМС ГУАНЧЖОУ, чтобы поблагодарить целевую группу ВМФ НОАК за успешное сопровождение ТС. Венус Аполло. Он сказал: "После освобождения ТС. Венус Аполло, о чём мы думали прежде всего, был китайский флот, потому что он быстр, эффективен и профессионален, и является важной силой для поддержания мира во всем мире."

26 мая, 2011, ТС. Халед Мухиеддин К, сирийский сухогруз был освобожден в водах близ Гаракад, Сомали. Из-за четырех месяцев плена, почти все члены экипажа страдали от травм или заболеваний, и они исчерпали все топливо, пресную воду и пищу, находясь в тупике.

Зная, что ТС. Халед Мухиеддин К, необходима чрезвычайная помощь, корабль Ма'аншан, военный корабль восьмой целевой эскорт группы находившийся на миссии в этом районе, проследовал к ТС. Халед Мухиеддин К как можно скорее, и провел дозаправку, снабдив пресной водой, продовольствием, и предоставил лекарства для освобождённого корабля.

Против четырех-метровых волн, медицинский персонал ВМФ НОАК отправился оказывать медицинскую помощь экипажу ТС. Халед Мухиеддин К. капитан Мохаммед Азага сказал ласково и с благодарностью: "С помощью ВМС Китая , я глубоко почувствовал гуманитарный дух китайского военно-морского флота ".

Во второй половине дня 18 сентября 2011 года, командный пункт девятой целевой эскорт группы, получил призыв о помощи от японского балкера ТС Тай Йо: корейский матрос получил травму при падении во время работы на палубе, которая привела к деформации правой верхней конечности, болезненно опухшей и трудно двигающейся. Он испытывал невыносимые муки, он нуждался в медицинской помощи. Как только получив информацию, командование целевой группы немедленно поручило кораблю китайского ВМС Ухань отправить медицинскую группу к кораблю, нуждающемуся в помощи.

В 14:30 по местному времени, китайская медицинская бригада взошла на борт ТС. Тай Йо. После обследования, травма была определена как задний вывих правого локтя и расстройство двигательных функций предплечья, с совместным кровоизлиянием. Медицинский персонал немедленно провёл местную анестезию повреждённой части тела пациента, высосали гематому и манипуляциями, уменьшили дислокацию. После вправления, правый локоть пациента сразу же восстановил двигательные функции. Для предотвращения смещения сустава и вывиха, два врача сделали пластырь фиксатор для

Китайский корабль ВМС Чаоху сопровождает торговое судно (ТС) Прамони

пациента.

За четыре года эскорт операций, ВМС Китая обеспечили качественную помощь и успешный эскорт ряду иностранных торговых судов, в том числе сингапурскому ТС. Прамони, филиппинскому ТС. Столт Стренгт, греческому ТС. Венус Аполло и японскому ТС. Тай Йо, завоевав широкое признание со стороны международного сообщества.

Эвакуация и защита китайских эмигрантов в Ливии

В начале 2011 года, Ливия была в социальном потрясении, и китайский народ был озабочен безопасностью десятков тысяч своих соотечественников находящихся там. Гонки против времени, национальная, морская и воздушная спасательные операции были немедленно запущены в беспрецедентных масштабах.

При осуществлении эскорт миссии в Аденском заливе и водах Сомали, седьмой целевой эскорт группе ВМФ НОАК было приказано Центральной

Военной Комиссией, направить военный корабль в воды Ливии, для обеспечения поддержки и защиты кораблей, которые перевозили китайский персонал эвакуированый из этой страны.

Это был первый случай в истории китайского военно-морского флота, когда военные корабли отправились сопровождать и охранять корабли, которые эвакуируют китайских эмигрантов.

В настоящее время, корабль Чжоушань причалил в порту Джибути для обычного отдыха и пополнения и корабль Сюйчжоу сопровождал 299-й конвой торговых судов в западных водах Аденского залива.

Требовалась быстрая рекцаия, чтобы не тратить ни секунды. Штаб-квартира китайского флота направила эскорт силы в научной манере. Они приказали кораблю Сюйчжоу отправиться к Ливии и кораблю Чжоушань, прекратить отдых и заменять место корабля Сюйчжоу в выполнении эскорт

После сотен километров путешевствия, корабль Сюйчжоу теперь сопровождает корабль, перевозивший китайских соотечественников, которые были эвакуированы из Ливии.

миссии вместе с кораблём Циандаоху.

Это была ночь с тускло светящимися звездами. Получив задачу, седьмая эскорт группа быстро скомандовала кораблю Сюджоу поменяться в выполнении задания. Им было поручено всё подготовить в кратчайшие сроки тщательно изучая особенности района выполнения миссии, идя рядом с кораблём Циандаоху для своевременной экстренной заправки и снабжения пресной водой и совершенствования планов военных действий и обеспечения тыла.

В 03:00 по местному времени, 24 февраля, 2011, корабль Сюйчжоу отплыл от южного устья Мандеб пролива, и торопился в Средиземное море день и ночь.

Как только силы для эскорт миссии уменьшились, после ухода корабдя Сюйчжоу, то как

Коммандос на борту корабля Сюйчжоу приветствуют соотечественников на борту ТС Эль Венизелос.

теперь обеспечить выполнение обычных задач сопровождения, когда пиратство по-прежнему процветает? Столкнувшись со сложной ситуацией, которая прошла бы благополучно, командование седьмой эскорт группы приняли ряд мер, как укрепление раннего дозора, повышение боевой готовности вертолета и укрепление связей с эскортируемыми торговыми судами, и т.д. Все это помогло эффективно гарантировать безопасность четырнадцати эскортируемых кораблей в 299-ом конвое.

Солдаты и офицеры на борту корабля Сюйчжоу готовились пока были в пути. Они ознакомились с соответствующей информацией о маршрутах и навигационными правилами портов по всему Красному морю, Средиземному морю и Суэцкому Каналу. Они сделали медицинские препараты для лечения раненых в аварийной эвакуации. У них были тщательно приспособляемые тесты на оборудовании, убедившись, что они были в хорошем состоянии на всем пути.

Несмотря на их физическое и психическое истощение после почти четырех месяцев подряд сопровождения операций в Аденском заливе, солдаты и офицеры на борту корабля китайского ВМФ Сюйчжоу, все были в высоком моральном духе и полны энергии для борьбы.

Корабль Сюйчжоу прибыл в район миссии после того как они отплыли на полной скорости в течение шести дней и ночей. На утро 1 марта 2011 года, он встретился с ТС. Эль Венизелос, греческий пассажирский корабль, который нес китайских соотечественников.

На военном корабле своей родины, китайские соотечественники, только что были эвакуированы из пламени войны были очень взволнованы. Они побежали на палубу один за другим, махая руками, чтобы корабль Сюйчжоу. "Да здравствует, Китай!" "Спасибо, военно-морского флота!" Там пришли возгласы волна за волной. Многие из них даже занимали высокие пятизвездочных красные флаги, восхищаясь с радостными слезами. И офицеры и солдаты на борту корабля Сюйчжоу протянули плакаты"С наилучшими пожеланиями к Вам из состава ВМФ и родина!" И "Счастливого пути, соотечественники!", Сердечно приветствуя соотечественников по пути ...

Первая эвакуация китайскими ВМС китайских граждан, вызвала большое внимание со стороны международного сообщества. Как сообщает американское издательство American Associated Press, первая отправка Китаем военного корабля для эвакуации гражданских лиц из гуманитарного кризиса подчеркивает его улучшенные возможности осуществлять морские операции и решимость китайского правительства для защиты своих граждан за границей.

Глава 3

Модели эскорт операций ВМФ НОАК

23 апреля 1949 года, ВМФ Народно-освободительной армии был основан на побережье внутреннего водного пути Китая, реки Янцзы. 26 декабря 2008 года, первая тактическая группа сопровождения ВМС НОАК направилась далекому морю. Если судить по истории или по практическому морскому опыту, ВМС Китая с историей более шестидесяти лет является младенцем среди флотов других стран по всему миру. Для ВМС Китая, эскорт операции, несомненно, являются серьезным испытанием и вызовом. С момента своей первой экспедиции в море к регулярным эскорт операциям, ВМФ Китая, посредством постоянной практики и выводов, открыл научный и разумный путь эскорт операций.

Эскорт методы: Эскорт сопровождение + Защита на борту + Патрулирование области

Если вы спросите капитана международного океанского судна, что такое точка Альфа и точка Браво эскорт отрядов ВМФ НОАК, он не задумываясь ответит: Они являются местом встречи и местом расставания, созданные стратегическими группами ВМФ НОАК в морском районе к юго-западу от порта Аден и к северу от острова Сокотра. Координаты точки Альфа составляют 14 ° 50 'северной широты, 53 ° 50' восточной долготы, а координаты точки Браво составляют 11 ° 52 'северной широты, 44 ° 12' восточной долготы.

Но для первой целевой эскорт группы ВМФ НОАК, это было не такой уж простой задачей, определить точку Альфа и точку Браво.

Аденский залив является обширной морской зоной с длиной 1480 км с востока на запад и средней шириной 482 км, площадью примерно 530 000 км^2, больше, чем земельные участки большинства европейских стран. Так как же выполнять эскорт миссии на такой обширной территории, эта проблема была

ВМС Китая успешно отогнали группы подозрительных лодок методом передачи эскорт операций.

первостепенной задачей, с которой столкнулась эскорт группа ВМФ НОАК.

Тогда использовались два основных эскорт метода, применяемые другими флотами в Аденском заливе: первый метод это патрулирование района, метод отправки военных кораблей для патрулирования в Аденском заливе, который похож на патрулирование морской полиции. Второй метод это эскорт, в котором военные корабли сопровождают торговые суда до транзитной зоны через Аденский залив, в котором военные корабли в роли личных телохранителей.

Как отметил один военно-морской эксперт, если патрулирование зоны осуществляется в Аденском заливе, то понадобится около шестидесяти боевых кораблей, чтобы покрыть весь залив, рассчитано по отношению к эксплуатационным возможностям современных боевых кораблей, но общее число военных кораблей из разных стран составляет всего лишь 30.

Каждая целевая эскорт группа китайского ВМФ, как правило, состоит из двух боевых кораблей и всеобъемлющего корабля снабжения, с двумя вертолетами и десятками солдат спецназа. Несомненно, что такой ограниченной силы далеко не достаточно для патрулирования области, как таблетка, чтобы остановить землетрясение.

В соответствии с фактической ситуацией в Аденском заливе и водах Сомали, а также ссылаясь на опыт иностранных флотов, эскорт группы ВМФ НОАК создали точку встречи для китайских боевых кораблей и эскортируемых торговых кораблей соответственно, рядом с восточной стороной и западной стороной Аденского залива, с расстоянием между двумя точками примерно 550 морских миль. Между тем, они установили семь районов патрулирования вблизи основных путей в Аденском заливе и водах к востоку от Сомали.

После того, как области сопровождения были определены, ВМС Китая решили принять три основных метода, сопровождающий эскорт, бортовая защита и патрулирование района.

Сопровождающий эскорт относится к методу, с помощью которого военные корабли встречаются с эскортируемыми судами в точке Альфа или Браво, и образуют конвой для перехода через Аденский залив. Сопровождающий эскорт является наиболее часто используемым методом эскорт групп ВМФ НОАК.

6 января 2009 года, первая целевая группа сопровождения китайских

Пятая целевая эскорт группа сопровождает китайские и иностранные торговые корабли в Аденский залив и воды Сомали.

ВМС, после 12-дневного плавания в море, прибыла в Аденский залив в Индийском океане из Саньи, Хайнань, Китай. Они предоставили эскорт услуги четырём китайским торговым судам, ТС. Хэбэй Аосянг, ТС. Дзинхэ, ЕС. Гуаньинь и ТС. Ха'Нихэ. Это была первая из эскорт операций китайского военно-морского флота, и первая из задач сопровождения.

Бортовая защита относится к эскорт методу, по которому низкоскоростные суда с надводным бортом, которые могут подвергнуться пиратским нападениям, или те, которые загружены важными материалами, охраняются вооруженными группами, состоящие из коммандос ВМС, с необходимым вооружением и оборудованием, которые заходят на борт для защиты. Этот метод часто используется, когда количество эскортируемых кораблей превышает количество боевых кораблей эскорт группы.

12 января 2009 года, первая целевая группа ВМФ НОАК проводила эскорт операцию для второго конвоя. Шесть полностью вооруженных солдат

коммандос, перевозимые на вертолете, спустились на борта кораблей ТС. Дженхуа 13 и ТС. Дженхуа 14 соответственно. Это была первая операция бортовой защиты, проводимая эскорт группами ВМФ НОАК.

Патрулирование района относится к методу создания семи областей патрулирования в непосредственной близости от основных маршрутов в Аденском заливе и водах к востоку от Сомали, в которых корабли сопровождения пронесут караульную службу через неравные промежутки времени.

Режимы сопровождения: От предварительного сопровождения до периодического сопровождения

В самом начале, эскорт группы ВМФ НОАК тренировали сопровождающий эскорт на временно-групповой основе. А именно, эскорт задачи были отданы китайским штабом ВМФ с количеством и направлениями эскортируемых кораблей, затем военные корабли встречаются с торговыми судами в точке Альфа или Браво, образуя колонну для перехода через Аденский залив.

В таком временно-сгруппированном режиме сопровождения, места встречи определены в точках Альфа и Браво соответственно, но время всё ещё оставалось неопределенным. Так, что это займет много времени, чтобы встретиться с конвоями и им придётся ждать, что приведет к задержке отплытий торговых судов и приведёт военно-

Отход коммандос.

морские силы сопровождения в трудовое состояние излишне высокой интенсивности.

Как высказался контр-адмирал. Ду Дзингчен, командир первой эскорт группы ВМФ НОАК: "Согласно накопленному опыту из нескольких эскорт операций, ВМФ постановил внести изменения в сопутствующий эскорт сервис из временного режима к периодическому режиму. Время и место отправления были указаны, также как и расписание автобусов на автобусной остановке. "

Как последствие регулировки, эскорт группы ВМФ НОАК начали каждый месяц заранее выпускать эскорт планы для общественности, с указанием места, даты и времени сопровождения для удобства торговых судов, чтобы сделать разумные расстановки в датах отплытий. Такая мера сократила время ожидания торговых судов и повысила эффективность эскорт операций. В обычных случаях, эскорт группы ВМФ НОАК выполняют эскорт миссии каждые шесть дней, в восточном или западном направлении.

В следующей таблице показан эскорт план на ноябрь 2012 года, опубликованный ВМС НОАК.

Восточные конвои	Западные конвои
ТВ (Браво): 11°52′ N, 44°12′ E ВО: 0700 UTC	ТВ(Альфа): 14°50′ N, 53°50′ E ВО: 0700 UTC
Даты	Даты
Ноябрь 1	Ноябрь 4
Ноябрь 7	Ноябрь 10
Ноябрь 13	Ноябрь 16
Ноябрь 19	Ноябрь 22
Ноябрь 25	Ноябрь 28

Процедуры подачи заявок: Преждевременная заявка + временная заявка

Хотя военно-морской эскорт сервис бесплатен, для него нужно подавать заявление заранее, что является обычной практикой всех военно-морских сил в этом районе. Ссылаясь на практику других стран и с учетом нашей реальности, Министерство транспорта Китая и ВМС НОАК опубликовали соответствующие указания специально для эскорт-услуг на начальном этапе эскорт миссии, указав процедуры и методы подачи заявления.

Для материкового Китая, процесс подачи заявления проходит так: Судовладельческая компания → Китайская ассоциация судовладельцев → Министерство транспорта КНР → ВМС НОАК.

Для кораблей из Гонконга и Макао, Китай, процесс происходит

Отряд коммандос собирается провести VBSS (посетить, зайти на борт, обыскать и конфисковать) на подозрительном быстроходном катере, подозреваемом в пиратстве.

Служащий моет вертолёт.

так: Судовладельческая компания → Гонконгский морской спасательно-координационный центр (HKMRCC) или Поисковой и спасательно-координационный центр Макао (MSARCC) → Китайский морской поисково-спасательный центр (CMSARC) → ВМС НОАК.

Для кораблей из Тайваня, Китай, процесс происходит так: Ассоциация судовладельцев →Фонд обменов Тайваньского пролива (SEF Taiwan) → Китайская судовладельческая ассоциация → Министерство транспорта КНР → ВМС НОАК.

Для иностранных кораблей, процесс происходит так: Судовладельческая компания → Китайское посольство или консульство → Генеральный штаб НОАК → ВМС НОАК.

Хотя несколько флотов осуществляют эскорт операции в Аденском заливе, как правило, торговые суда, не обязательно станут брать свои собственные военно-морские силы в качестве первого выбора, а вместо них они выберут ближайшие конвои, т.к. это очень трудно для торговых судов, следовать расписаниям рейсов в полном соответствии с графиками сопровождений их собственных флотов. Другими словами, торговые суда, которые подают заявки для эскорт-услуг могут быть из разных стран и регионов. Например, среди тех, которые запросили присоединение к китайскому конвою ВМС, есть корабли не только из материкового Китая, Гонконга, Макао и Тайваня, но и из зарубежных стран.

Затем там возникает проблема: в соответствии с режимом "предварительной заявки", иностранные торговые корабли должны подать заявки через китайские посольства и консульства. Они жалуются, что такой режим запутан в процедурах и требует длительного времени. Поэтому многие иностранные торговые суда подают заявки на эскорт-сервис непосредственно через УКВ, спутниковые телефоны системы Инмарсат или электронную почту.

Хотя основной задачей эскорт групп ВМС НОАК является обеспечение безопасности китайских судов, и кораблей международных организаций, таких как Всемирная продовольственная программа, а также обычная практика китайского военно-морского флота включает, принятие заявлений от судов других Наций и нести соответствующие обязательства защиты. 22 января 2009 года, шестнадцатый день эскорт операции в Аденском заливе, эскорт группа

ВМФ НОАК предоставила эскорт сервис ТС. Панама Экспресс, панамский корабль зарегистрирован в Бельгии, в результате чего создавая новую историю сопровождений иностранных торговых судов.

На самом деле, похоже на эскорт-услуги других флотов, часто происходит, что из всех эскортируемых судов китайскими ВМС, временных заявителей намного больше чем преждевременных заявителей, и корабли из зарубежных стран или регионов больше чем корабли,которые подали заявки из Китая.

Для удобства подачи заявок для торговых судов и повышения эффективности предоставления эскорт услуг, ВМС НОАК сделали своевременную корректировку. Они упростили процедуры подачи заявок и отрегулировали режим заявок от только предварительных заявок к комбинации из сочетания предварительных заявок с временными.

В своих опубликованных эскорт планах, ВМС Китая специально добавили номера телефонов ИНМАРСАТ, факсов и адреса электронной почты троих

Фотография шестой группы ВМФ НОАК во время эскорт миссии.

военных кораблей сопровождения ВМС НОАК, для удобства торговых судов, чтобы вступить в контакт с военными кораблями. В следующей таблице показаны номера телефонов ИНМАРСАТ и факсов кораблей китайских ВМС Иянг, Чанчжоу и Циандаоху.

Корабль Иянг (Номер.548)	INMARSAT Станция F INMARSAT Станция C	Тел: 773122641
		Факс: 783120891
		Тел: 494602095
Корабль Чанчжоу (Номер.549)	INMARSAT Станция F INMARSAT Станция C	Тел: 773121923
		Факс: 783122136
		Тел: 494602096
Корабль Циандаоху (Номер.886)	INMARSAT Станция F INMARSAT Станция C	Тел: 763681441
		Факс: 600653654
		Тел: 441218948

Корректировки в процедурах подачи заявок значительно увеличили число бенефициаров от эскорт услуг. 18 февраля 2009 года группа сопровождения ВМС Китая выполняла эскорт 21-го конвоя торговых судов, и все десять кораблей были из Китая. Это была самая масштабная эскорт операция, со времён первой эскорт миссии китайских ВМС.

В процессе сопровождения, три иностранных торговых судна, немецкое ТС. Гермиона, сингапурское ТС. Викинг Крукс и корабль из Кипра ТС. Принцесса Натали, запросили, через УКВкан.16 звонки, разрешения присоединиться к конвою китайского флота. Они сразу же были утверждены следовать в кильватере конвоя. Весь флот удлинился до 10 километров, великолепный и захватывающий.

Маршруты сопровождений: Расширенные на восток и запад с обоих сторон Аденского залива, через 4 корректировки

Начальные точки рандеву, точка Альфа и точка Браво, определялись китайским военно-морским флотом в рассмотрении, что эти точки находятся в пересечениях четырех крупных международных каналов, соответственно маршруты из Персидского залива, Суэцкого канала и восточного побережья Африки, и через Индийский океан к Юго-Восточной Азии.

Как гласит древняя китайская пословица, "в то время как добродетель поднимает одну ногу, зло делает десять." Наряду с постоянно увеличивающимся количеством различных флотов в Аденском заливе и у берегов Сомали, сомалийские пираты выбрали избегать области военно-морской эскорта и перейти к восточным и западным сторонам Аденского залива, чтобы атаковать проплывающие торговые суда.

Следовательно, новые шаги должны быть сделаны в ответ на новую ситуацию пиратства. В связи с погодой в морском районе и изменениями в поведении пиратов, эскорт отряды ВМФ НОАК сделали четыре локально оптимизированные коррективы в маршруты эскортов, расширяя области эскорта, к областям вероятного появления пиратства, по мере необходимости.

Первая корректировка была сделана 6 августа 2009 года. Учитывая возросшее количество актов пиратства вокруг южного устья Мандебского пролива, вторая целевая эскорт группа ВМФ НОАК скорректировала точку расхождения из западного Аденского залива до вод в непосредственной близости от южного устья Мандебского пролива.

Вторая корректировка была сделана 1 октября 2009 года, в день когда третья целевая группа сопровождения ВМС Китая расширила точку Браво, западную точку рандеву области сопровождения ВМФ НОАК, в 36 морских милях на северо-запад вдоль Аденского залива в координатах 12 ° 17,8'N, 43 ° 49' E, и добавила, поворотный пункт на маршрут сопровождения и область остановки для временного пополнения в центральной его части. По сравнению с предыдущим маршрутом до изменений, новый маршрут находится дальше от побережья Сомали, но для торговых судов, путешествие на новую точку Браво стало на семнадцать морских миль короче, чем раньше, что может сэкономить более четырех часов для кругового рейса, до и от этой точки. Время используемое для навигации сокращается и риск нападения пиратов на торговые корабли снижается. Между тем, регулировка точки встречи на север также благоприятна для целевой эскорт группы, во время оказания поддержки и прикрытия торговых судов, происходящих в морской район Мандебского пролива и южную часть Красного моря.

Заблокированная Цинхай-Тибетским нагорьем со средней высотой 5000 метров, возникает самая мощная муссонная система во всём мире в северной части Индийского океана, который характеризуется с типичными сезонными изменениями, весна и осень являются муссонными переходами с каждым годом. Во время муссонных переходов, Индийский океан спокоен, и пиратство распространяется на восточную часть Аденского залива.

Учитывая взаимосвязь между погодой в этом районе моря и пиратской деятельностью, эскорт отряды ВМФ НОАК сделали третью и четвертую

Анти-пиратская тревога, первая стадия.

Занятые солдаты эскорт группы.

корректировки, касательно расширения маршрута сопровождения на восток.

Третья корректировка была сделана 1 января 2010 года, которая расширила оригинальную восточную точку рандеву на 50 морских миль на восток.

Четвертая была сделана 1 октября 2010 года, которая продлила область сопровождения снова в восточную часть Аденского залива на 122 морские мили.

Четыре оптимизационные корректировки помогли сократить время на собрание торговых судов вместе, защитить эскортируемые суда в максимально возможной степени и повысить эффективность эскорт операций, и, следовательно, были единодушно высоко похвалены со стороны торговых судов.

Наблюдение

Область эскорта: Расширена до вод к востоку от Сомали

Сомали является одной из наименее развитых стран. Бедность и безработица являются истинным образом жизни сомалийцев. Согласно статистике 2004 года Программы развития Организации Объединенных Наций, только менее одной трети ее населения пользуется медицинским обслуживанием, более 75% из них не имеют чистой питьевой воды, а средняя продолжительность жизни сомалийцев составляет 47 лет. В последние пять лет, внутренний урожай Сомали был в состоянии удовлетворить потребности населения в продовольствии только на 30%. По оценкам Всемирного банка, обездоленное население с ежедневный доходом менее одного доллара США составляет 43% от общей численности населения, и ежедневный прожиточный минимум более 75% семей ниже двух долларов США. Более того, 47% от рабочей силы Сомали не могут найти работу и две трети молодых людей без работы.

В настоящее время около 150 агентств по всему миру оказывают гуманитарную помощь Сомали. Всемирная продовольственная программа оказывает гуманитарную помощь Сомали на протяжении более 40 лет. Переходное федеральное правительство Сомали получало помощь от стран, включая Китай с момента его основания. Подавляющее большинство материалов должны быть отправлены через воды к востоку от Сомали. Таким образом, сомалийское пиратство представляет собой серьезную угрозу для доставки международной гуманитарной помощи.

8 декабря 2008 года, для защиты ВПП зерновозов, Европейский союз начал операцию Аталанта. Основной задачей операции было защищать торговые суда, которые перевозят гуманитарную помощь в виде продуктов от ВПП в Сомали.

Обеспечение безопасности судов, перевозящие гуманитарные материалы ВПП, также является одной из основных задач эскорт групп ВМФ НОАК. В течение первых трех лет, ВМС Китая не предоставляли эскорт для ВПП судов в восточной части сомалийских вод потому, что военно-морской флот ЕС имел достаточно сил сопровождения в том районе, и эскорт задачи ВМС Китая тогда были тяжёлыми.

Когда начался 2011 год, государства-члены ЕС начали урезать военные расходы в связи с экономическим спадом, и анти-пиратские подразделения ЕС были в затруднительном положении, из-за недостатка военных кораблей.

В период с марта по декабрь 2012 года, по просьбе ВПП, китайские военные корабли ВМФ предоставили эскорт-услуги в восточной части сомалийских вод четыре раза.

Первый эскорт ВПП состоялся 22 марта 2011 года, когда восьмая эскорт группа ВМФ НОАК заранее скорректировала свою эскорт группу, и отправила китайский корабль ВМС Мааньшань в восточную часть сомалийских вод. Они начали из окрестностей порта Бербера и предоставили эскорт ТС. Амина, зерновоз арендованный ВПП, начав новую главу китайских военных кораблей,

Седьмая и Восьмая эскорт группы плывут в место рандеву в восточной части Аденского залива, и выполняют эскорт сервис вместе.

и эскорт операций для ВПП судов.

Второй и третий произошли соответственно 3 и 21 июля, 2011 года, когда корабль ВМФ Мааньшань вышел из порта Бербера, сопровождая два арендованных зерновоза ВПП, ТС. Мечта и ТС. Мустафа в Порт Босасо , Сомали.

Четвертая регулировка была сделана 21 октября 2011 года. После 22-часового непрерывного рейса, корабль ВМФ Юлин из девятой эскорт группы ВМФ НОАК, независимо сопроводил ТС. Наваль III в сомалийский порт Бербера.

В подтверждении этого, ВПП послал письмо по электронной почте, восьмой группе сопровождения, выразив благодарность китайскиму военно-морскому флоту за предоставленные услуги кораблям, перевозящим материалы международной гуманитарной помощи.

Бойцы коммандос заходят в вертолёт на борту корабля Ухань, ВМФ НОАК.

В качестве командира восьмой эскорт группы. Стр.Капт. Хан Сяоху отметил, что "эскорт услуги, предоставляемые отрядами ВМФ для ВПП судов, отражают реальные достижения, что Китай во время выполнения международных гуманитарных обязательств, укрепил связи и сотрудничество между Китаем и Мировой продовольственной программой, а также демонстрирует образ Китая как ответственного члена международного сообщества ".

Поддержка для эскорт операций: Снабжение путём само-несущих грузов (STSCL), пополнение в море (RAS), пополнение в порту (RIP) а также через поддержку гражданских судов (STCS)

Как говорится в древнем искусстве войны "Пища и корм должны идти перед войсками и лошадями." Обычно, вооружённый управляемыми ракетами эсминец или фрегат потребляет десятки тонн топлива, пресной воды и пищи каждый день. Когда военный корабль выполняет долгосрочные задачи за рубежом, он должны опираться на зарубежные базы или порты дружественных государств для пополнения.

Военные корабли других эскорт флотов в Аденском заливе и у берегов Сомали наслаждаются хорошими условиями снабжения. США и Франция имеют свои военные базы в Джибути, и военно-морские силы ЕС, НАТО и западные союзники могут рассчитывать на порты США и Франции основываясь на нерегулярном снабжении. Обычно корабли вышеупомянутых организаций или наций причаливают примерно на пять дней в порт Джибути или другие порты, каждые 15дней для логистических поставок, а также отдыха и реорганизации персонала.

Так как общее число людей в каждой целевой эскорт группе ВМФ НОАК достигает более 800, и они выполняют миссии сопровождения в море в течение пяти-шести месяцев далеко от материкового Китая без поддержки зарубежных баз, поэтому многие эксперты и военно-морские братства по всему миру размышляют, как они справляются со своими задачами тяжелой поддержки питания, как заправка, пресной воды и снабжения провизией.

Что более удивительно, так это то что три военных корабля первой тактической группы ВМФ НОАК, с момента их прибытия в Аденский залив, были на непрерывной эскорт миссии без пополнений в порту в течение 61 дня; два боевых кораблей находились в постоянном плавании во время их 124 дневного эскорт путешествия, и в течение более четырех месяцев, офицеры и солдаты оставались на борту, в узком пространстве военных кораблей, не ступая на землю! Это стало новым рекордом для китайского военно-морского флота, и это также не совсем обычный случай в мировой военно-морской истории.

Вертолёт доставляет припасы на борт китайского корабля ВМС Ухань.

С учетом внешнего любопытства и сомнения, 31 марта, 2011, Полковник. Пэнг Дженхай, заместитель генерального директора бюро боевой поддержки штаба генерального отдела логистики, сказал правду на пресс-конференции информационного бюро Государственного совета: основные способы логистической поддержки принятые эскорт группами НОАК включают самостоятельную-поддержку, а также заход в порт для пополнения, которые полностью приняли такие методы, как снабжение путём само-несущих грузов, пополнение в море, пополнение в порту.

Так называемое снабжение путём само-несущих грузов (STSCL) относится к методу, в котором сопровождающие корабли несут достаточно боеприпасов, средств и запасных частей, и как можно больше топлива, пресной воды и основные или не основные продукты питания, для того чтобы снизить вероятность снабжения в море или в других странах.

Пополнение в море, или (RAS) относится к способу, в котором задача заправки, а также снабжение пресной водой и не основными продуктами питания, в основном осуществляется кораблём снабжения.

Когда дело доходит до (RAS), две "Звезды эскорта" целевых групп ВМФ НОАК должны быть упомянуты – корабли китайского ВМФ Вейшаньху и Циандаоху. Они оба являются океанскими кораблями комплексного снабжения второго поколения, одновременно введены в эксплуатацию в апреле 2004 года. С рабочим объемом 23 000 тонн и вертолетной площадкой, они способны обеспечить пополнение в море, пополнение на траверзе (RAS) и вертикальное пополнение (RAS) вертолётом. Интересно, что КЕВТ Симилан, корабль комплексного снабжения, посланный королевским военно-морским флотом Тайланда в Аденский залив для эскорт миссии, является братом корабля того же типа Вейшаньху. Неожиданная встреча между "братьями" в Аденском заливе стала интересной историей, на устах китайских и тайских солдат и офицеров.

20 июля 2009 года в Аденском заливе, китайский корабль ВМФ Циандаоху из третьей группы сопровождения ВМФ НОАК выполнил задачу пополнения в море (RAS) для других двух кораблей одновременно. Корабли китайского ВМФ Чжоушань и Сюйчжоу находились по обе стороны корабля Циандаоху, получая пополнение материалов, включая топливо, пресную воду и овощи.

529
886

Два корабля седьмой эскорт группы одновременно получают пополнение в море (RAS).

С декабря 2008 года по сентябрь 2009 года, Корабль Вейшаньху последовательно выполнил пять условий эскорт миссий в Аденском заливе и у берегов Сомали, в совокупности 750 дней, или 14.150 часов, проплыв более 100.000 морских миль, расстояние равное пяти кругам вокруг Земли. Установив ряд совершенно новых рекордов океанской логистической поддержки ВМФ НОАК, и побив множество рекордов в военно-морской истории по всему миру.

В первом, втором, пятом и шестом условиях эскорт миссий, корабль кит. ВМФ Вейшаньху совершил довольно много достижений "Выполнить впервые" и "Выполнить наибольшее количество раз": Первая длительная интенсивная организация логистики и поддержка оборудования в незнакомых водах в стороне от береговых баз, первая реализация крупномасштабных комплексных поставок, через иностранные торговые порты на коммерческой основе, первая организация нескольких случаев медицинских услуг для нуждающихся в неотложной медицинской помощи и первые операции первой

Восьмая эскорт группа ВМФ НОАК во время ночного пополнения в море (RAS).

Корабль комплексного снабжения китайского ВМФ Вейшаньху выполняет снабжение на траверзе (RAS), снабжая другой корабль кит. ВМФ Гуанчжоу жидкими материалами.

помощи в голубых водах, самый долгое исполнение эскорт миссий, как корабля снабжения, самое большое кол-во услуг снабжения, самое длинное время сопровождения за один раз, самое большое количество снабжений за один день, предоставление эскорт услуг для большинства торговых кораблей и т.д.

С большими достижениям как, 100% эскорт успех, 100% успех перезарядки, 100% готовность оборудования и 100% безопасность персонала, корабль кит. ВМФ Вейшаньху стал оправданно называться «Плавающая база комплексной поддержки ».

С точки зрения материального снабжения, STSCL и RAS режимы могут в целом соответствовать требованиям снабжения сопровождающих кораблей. Но, как солдаты и офицеры осуществляют эскорт миссии в течение

Пополнение в море.

длительного периода времени в полностью замкнутом окружении и с сложной и скучной жизнью, они могут быть пойманы в некоторых неповиновениях, это неизбежно. Таким образом, пополнение в порту также имеет очень важное значение.

Пополнение в порту относится к способу, в котором военные корабли сопровождения стоят на якоре в портах стран по всему Аденскому заливу, таких как Оманский порт Салала, Йеменский порт Аден, Порт Джибути и Саудовской Аравии порт Джидда, а также принимают некоторые основные логистические материалы, как пресная вода, не основные продукты питания, а также топливо и масло. Между тем, офицеры и солдаты могут взять отгул по приходу в порт для пополнения запасов, отдохнуть на берегу, что полезно для психического и физического состояния. Солдаты и офицеры называют это "освежиться на земле" или "зарядится энергией".

21-23 февраля 2009 года, корабль кит. ВМФ Вейшаньху причаливал к порту Аден, Йемен. Передовая группа, которая была составлена из соответствующих дивизий снабжения НОАК, а также релевантных работников МИД и (Мин. ТР) Министерства транспорта, заранее прибыла в порт Аден, чтобы координировать действия с йеменским агентством в Китай и логистической компанией COSCO (Западная Азия) для запуска проектов закупок на коммерческой основе. Материалы для пополнения в основном включают жидкости, дизельное топливо и пресную воду, и более 30 видов сухих товаров в четырех основных категориях, таких как мясо, овощи, фрукты и др., всего несколько тысяч тонн. Это был первый заход в порт эскорт групп ВМФ НОАК для пополнения, с момента своего первого плавания 26 декабря 2008 года.

26 июня, 2009, корабль кит. ВМФ Шэньчжэнь второй эскорт группы НОАК запросил заход в порт Салала, Оман, для пополнения, отдыха и реорганизации. Во время пребывания в порту, офицеры и солдаты были коллективно организованы для покупок и осмотра достопримечательностей в порту Салала, а также для развлекательных и спортивных мероприятий, таких как вечеринки гражданских и служащих военно-морского флота, перетягивание каната, настольный теннис и т.д. Это был первый раз, когда эскорт подразделения НОАК организовали своих солдат и офицеров на берегу для отдыха и реорганизации, как органическое целое, с первой экспедиции китайского флота в Аденском заливе и у берегов Сомали.

В качестве командира второй эскорт группы НОАК, контр-адмирал. Яо Джилоу заявил, "Длительное непрерывное плавание, высоко интенсивные эскорт задачи и бурные моря, стали серьезным вызовом для офицеров и солдат, изматывая морально и физически. Регулярные стоянки для отдыха и реорганизации способствуют выполнению последующих задач на высоком уровне. "

Регулярные причаливания для пополнения запасов, отдыха и

Торговый корабль Насихэ привёз материалы снабжения для корабля кит. ВМФ Куньлуншань.

реорганизации является обычной практикой, которой следует каждый флот. Начиная со второй целевой группы, каждый военный корабль НОАК будет причаливать в порт для пополнения и отдыха, в среднем один раз в месяц, в течение трех-пяти дней за один раз. Чтобы убедиться в том, что эскорт задачи выполняются непрерывно, без паузы, целевые группы НОАК приняли метод причаливания для пополнения и отдыха на постоянной основе. То есть, каждый раз одно судно отправляется для швартовки в порт, остальные два военных корабля будут продолжать выполнять миссии сопровождения в соответствии с графиком.

Помимо вышеуказанных методов поставок, Китай также принимает STCS метод, чтобы обеспечить логистическую поддержку целевым группам НОАК. Метод STCS или поддержка через гражданские суда, означает полагаться на океанские торговые суда Китая, для приобретения ежедневно необходимых материалов внутри страны и доставки их целевым группам НОАК, когда они пользуются эскорт услугами.

Метод STCS на самом деле является современной версией «рабочие поддерживают фронт» (WSBF) во время освободительной войны в Китае. В ноябре 1948 года, всемирно шокирующая, кровавая кампания Хуайхай вспыхнула между Гоминьданом и Коммунистической партией, которая закончилась победой 600.000 войск коммунистической партии над партией Гоминьдан с вооруженными силами более 800.000. Одна из причин победы коммунистов это то, что у коммунистической партии была хорошая основа в широких массах народа. Был лозунг среди людей: " Рабочие поддерживающие

Торговый корабль под конвоем целевой эскорт группы НОАК.

фронт будут там, где борются войска" По статистике, полностью 5.43 миллиона гражданских работников спонтанно пошли на фронт, чтобы обеспечить логистическую поддержку Народно-освободительной армии во время Хуайхай кампании. Как вздохнув сказал маршал Чэнь И «Победа в кампании Хуайхай была вытеснена на тачках".

Конечно, никто тогда не мог себе представить, что, шестьдесят лет спустя, в далеком Аденском заливе, режим WSBF может превратиться в режим STCS, новый способ обеспечения поддержки поставок для ВМФ Китая в синих водах.

В самом начале, когда первая тактическая группа НОАК проводила эскорт операции, часть солдат и офицеров получили тяжелые язвы в полости рта в связи с трудностями доставки свежих овощей. Зная эту информацию, экипажи эскортируемых китайских торговых судов добровольно стали передавать материалы снабжения целевым группам НОАК. С тех пор режим STCS пополнения находится в постоянном использовании.

4 июня, 2010, Т.С. Гуюхэ, судно Шанхайской компании океанских перевозок, перевезло двадцать тонн материалов для пятой эскорт группы, что является самым крупным пополнением STCS с первой эскорт миссии китайского военно-морского флота. Г-н Чэнь Юебин, капитан Т.С. Гуюхэ сказал: "Получив задание, перевезти материалы для солдат и офицеров, весь экипаж был очень горд. Мы упорствовали в проверке холодильника восемь раз в день, чтобы убедиться, что все материалы, такие как замороженные продукты, овощи, приправы, продукты питания и фрукты, будут доставлены в руки солдат и офицеров в целости и сохранности с гарантированным качеством и количеством ".

Глава 4

Обмены и сотрудничество

В настоящее время, военно-морские силы выполняющие эскорт операции в Аденском заливе и у берегов Сомали включают около 40 боевых кораблей из более чем 20 стран и трех международных военно-морских организаций. Классифицированные в соответствии с эскорт методами, они делятся на две основные категории: многонациональные морские силы проводящие патрулирование района, включающие комбинированную целевую группу (КЦГ) НАТО 508, КЦГ Европейского союза 465, а также КЦГ возглавляемую США 151. В феврале 2009, КЦГ 465 и КЦГ 151 инициировали основание "Рекомендуемый международный транзитный коридор (РМТК)", где торговые суда проплывают коллективно, и военные корабли из разных стран выполняют совместные операции сопровождения, решая самостоятельно, следует ли выбрать сопровождающий эскорт или район патрулирования в своих зонах ответственности.

Основные категории: многонациональные морские силы проводят патрулирование района, а независимые военно-морские силы проводят эскорт сервис.

Вторая категория включает в себя тех, кто оказывает сопутствующие эскорт услуги, такие как военно-морские силы из Китая, России, Индии, Японии, Кореи, Ирана, Малайзии и Таиланда, и т.д.

Наилучшие пожелания вам, от эскорт групп ВМФ НОАК.

Это феномен, не виданный со времен Второй мировой войны, в котором так много военно-морских сил и международных организаций собираются и сосуществуют вместе в одних водах на протяжении долгого времени. В ответ на угрозы пиратства, эскорт группы НОАК разработали глубокие и широкие обмены и сотрудничество с другими ВМФ: Обмен информацией, взаимные бортовые посещения, координация действий, обмен опытом, совместные эскорт услуги, совместные учения… Всё это сделало Аденский залив “Морем сотрудничества” и “Морем дружбы”, обеспечив лучшую интерпретацию концепта “Гармоничного океана” поднятого китайским ВМФ.

По факту, в течение четырех лет проведения эскорт операций, ВМС Китая установили партнерские отношения высокого доверия с соответствующими международными антипиратскими организациями и военными кораблями других флотов.

Исполнение эскорт операций в течение; долгого времени в одних водах, сделало много китайских и иностранных солдат и офицеров "старыми знакомыми" и "старыми приятелями". Так же, как соседи, они приветствуют друг друга, посещают друг друга, консультируются друг с другом, берегут друг друга и поддерживают друг друга, все сделано так естественно и гармонично.

Обмен информацией

С самого начала, эскорт операций ВМС Китая привлекли к себе внимание всего мира. В январе 2009 года, когда первая целевая группа сопровождения ВМС Китая только что прибыла в Аденский залив, военно-морские силы США, Великобритании, Франции, Германии, России и Индии, по различным каналам связи, подряд выразили желание совершать обмены и сотрудничать с эскорт группами НОАК.

Вечером 6 января, корабль китайского ВМФ Ухань встретился с французским фрегатом, кораблём французского ВМФ Флореал. В тусклом

Бортовой вертолёт корабля китайского ВМФ Гуанчжоу садится на борт корабля корейской республики Ганг Гамчан.

свете звезд, китайские и французские военные корабли выразили приветствие доброй воли через световые сигналы, специальный язык повсеместно используемый среди флотов по всему миру, а также обменялись адресами электронной почты друг с другом.

18 января корабль кит. ВМФ Хайкоу встретился с ФКГ Карлсруэ, немецкий фрегат военно-морского флота. Немецкий военный корабль сделал запрос о актах пиратства вокруг и корабль кит. ВМФ Хайкоу дружественно ответил.

…

"С тех пор ,как мы начали проводить наши эскорт операции, мы можем встречаться с иностранными военными кораблями и обмениваться информацией друг с другом почти каждый день", сказал Командор. Ли Болин, секретарь иностранных дел штаб-квартиры южной флота НОАК ", это так

Контр-адмирал. Бернард Миранда, командир комбинированной оперативной группы 151, и его свита, приближаются к кораблю кит. ВМФ Гуанчжоу на лодке.

Командиры первой эскорт группы НОАК посещают борт корабля США Боксер, нападающий корабль-амфибию, и проводят встречу с контр-адмиралом. Мак-Найтом, командиром комбинированной оперативной группы 151.

распространено, осуществлять разведку и обмен информацией с иностранными военными кораблями через световые сигналы, международные каналы УКВ и электронную почту, распространяя информацию о пиратстве, операциях сопровождения и патрулирования, а также полетах воздушных судов ".

УКВ-радио является наиболее часто используемым средством ближней коммуникации между военными кораблями в море, также удобно, как мобильные телефоны. Обычно, дальность передачи УКВ-радио составляет в диапазоне от 10 до 20 морских миль, и даже может достигать 100 морских миль в хорошую погоду. Вся ближняя связь между флотами и торговыми судами в Аденском заливе осуществляется через УКВ-радиостанции, а УКВ канал №16 регламентируется ,как канал для звонков общей связи и чрезвычайных ситуаций.

Контр-адмирал. Мак-Найт, командир комбинированной опер. группы 151 США посещает борт корабля ВМФ Китая Ухань. Сейчас он управляет штурвалом.

В феврале 2009 года контр-адмирал. Мак-Найт, первый командующий американской комбинированной оперативной группы 151, открыл СМИ с большим интересом, что, когда корабль США Боксер, вертолётоносец и флагманский корабль комбинированной опер. группы 151, встретился с кораблём кит. ВМФ Ухань, он разговаривал по УКВ радиосвязи с командиром тогдашней целевой группы НОАК контр-адмиралом. Ду Дзингченом, и что они приветствовали друг друга и выразили свои намерения укреплять информационное сотрудничество между обеими сторонами. Позже, КОГ 151 и целевая группа НОАК проводили переговоры по вертолетным операциям обеих сторон. Они договорились информировать друг друга по УКВ о взлетах и посадках, а также о состоянии воздушного пространства до взлета вертолетов, для того чтобы обеспечить безопасность полетов.

Для повышения тесного сотрудничества и координации между

различными военно-морскими силами и распространения своевременной информации, в декабре 2008 года ВМФ ЕС создал веб-сайт "Центр морской безопасности - Африканского Рога (MSC-HOA)", который был назван «Сайт Меркурий». После ввода пользовательских имён и паролей, все военные корабли и торговые суда могут войти и скачать или загрузить свежую информацию о пиратстве, эскорт планах, информацию о пиратских кораблях и предложения по мерам предосторожности против пиратских нападений, а также просьбы о помощи и поддержке со стороны других военно-морских сил в случае необходимости.

С появлением первой целевой группы в Аденском заливе, ВМФ Китая опубликовал адреса электронной почты и номера ИНМАРСАТ кораблей НОАК для иностранных флотов и всех торговых судов.

«Эскорт группа НОАК патрулирует в водах к западу от Порта Адена, 3 февраля. В 12:10 по местному времени, обнаружены семь подозрительных катеров, в районе: 12° 10'N, 43° 50'E. Суда, следующие транзитом через эту область, пожалуйста будьте наготове.» Это сообщение электронной почты

Посещающий командир комбинированной опер. группы 508 НАТО разговаривает с отрядом китайских коммандос.

Вертолёт "Морской ястреб" греческого фригата Псара садится на борт корабля первой целевой эскорт группы НОАК Ухань.

отправлено военными кораблями других флотов в Аденском заливе, целевой группой НОАК, 3 февраля 2009 года.

Каждый день, целевые группы НОАК получают сообщения от иностранных военных кораблей и вертолетов по электронной почте, и в тоже время распространяют информацию о деятельности подозрительных лодок. Обмениваясь информационными ресурсами, более 40 военных кораблей из 20 стран мира и международных организаций представляют собой эффективную информационную сеть в этом опасном районе.

Через УКВ радиостанции и веб-сайт Меркурий, китайские и иностранные флоты создали хорошие отношения сотрудничества между собой, сформировав циркулирующий механизм осведомлённости. Они обмениваются информацией о нахождении боевых сил, элементами полётов и навигации в море, прогнозами погоды и пиратской деятельностью в лобных областях моря, распространяя информацию на свои собственные группы сопровождения, координируя военные операции и эффективно предотвращая возникновения возможных просчетов.

Контр-адмирал. Мак-Найт из комбинированной опер. группы 151 утверждает, что это было очень интересно общаться с ВМС Китая по электронной почте, и что обе стороны распространили свои собственные планы действий и сведения о актах пиратства и обсуждали такие вопросы, как организация силы.

Коммодор. Стивен Чик, командующий комбинированной опер. группы 508, НАТО, отметил, что патрулирование района многонациональными военно-морскими силами и эскорт сервис китайского ВМФ имеют дополнительные преимущества. Он сказал, что им сильно помогло то ,что ВМФ Китая опубликовал свои эскорт планы на сайте Меркурий и позволили торговым судам с высокой степенью риска нападения пиратов присоединиться к конвоям китайского флота.

Взаимные бортовые посещения

Наряду с углублением обменов, эскорт группы НОАК и военно-морские силы других стран и организаций уже много раз приглашали друг друга для

Контр-адмирал. Синан Азми Тосун, командир корабля комбинированной опер. группы НАТО 508, посещает корабль кит. ВМФ Циндао по приглашению.

визитов и встреч на борту. В промежутках между эскорт операциями, они наносят визиты друг другу и делятся опытом в эскорт сервисе, углубляя обмены и сотрудничество между ними.

В конце марта 2009 года, взаимные посещения состоялись между командирами первой эскорт группы НОАК и корабля США Боксер, флагманским кораблём комбинированной опер. группы США 151, а также корабля ПСАРА, флагманским кораблём комбинированной опер. группы ЕС 465 . Они осмотрели военные корабли друг друга, и ознакомились с процедурами и методами антипиратских операций обеих сторон. Это был первый случай взаимных визитов на борт и многостороннего обмена, между китайским флотом и флотами США и ЕС во время службы за границей.

В 11:30 по местному времени, 14 марта 2009 года, по приглашению контр-адмирала. Мак-Найта, командующего КОГ 151, контр-адмирал. Ду Дзигчен, вместе с восемью другими китайскими офицерами первой целевой группы НОАК, посетили корабль США Боксер.

Это не было первым контактом между двумя командирами, ибо они приветствовали друг друга по УКВ, когда оба флагмана встретились в море. Таким образом, воздух был очень гармоничным на этой встрече.

Контр-адмирал. Мак-Найт сначала представил основную информацию о КОГ 151 и опыт многонациональных военно-морских сил в совместных антипиратских операциях. Он отметил, что пресечение актов пиратства является общей обязанностью международного сообщества и Соединенные Штаты надеются расширить сотрудничество с Китаем, чтобы вместе поддерживать безопасность судоходства в Аденском заливе.

Контр-адмирал. Ду дал краткое введение эскорт операций китайского флота, и отметил, что оба китайский и американский ВМФ были хорошими сотрудниками в Аденском заливе, а также информация, полученная от ВМФ США была очень полезна для ВМФ Китая в ознакомление с ситуацией и успешном проведении эскорт операций. Он отметил, что акты пиратства безудержны в Аденском заливе, и это требует согласованных усилий со стороны международного сообщества, чтобы гарантировать безопасность торговых судов. Он выразил надежду, что обе стороны, на основе равенства, взаимной выгоды и взаимного уважения, продолжат укреплять обмен, сотрудничество и координацию между собой, а также повысят взаимопонимание и доверие. Наконец контр-адмирал. Ду Дзингчен официально пригласил контр-адмирала. Мак-Найта посетить корабль кит. ВМФ Ухань, флагман целевой группы НОАК, до их отъезда как освобождение от Аденского залива 5 апреля.

Затем в сопровождении контр-адмирала. Мак-Найта, контр-адмирал. Ду и его группа посетили корабль США Боксер. В 14:30, контр-адмирал. Ду и его спутники вернулись на корабль Ухань на вертолете.

25 марта, а именно десять дней спустя, как было согласованно обеими сторонами, контр-адмирал. Мак-Найт и восемь офицеров ВМС США нанесли ответный визит на борт корабль Ухань.

Именно в этот период, 21 марта, по приглашению командующего ЕС КОГ 465, Коммодора. Антониоса Папаиоанноу из греческого флота, контр-адмирал.

Ду Дзингчен посетил борт греческого корабля ПСАРА, флагманский корабль комбинированной опер. группы 465.

28 марта, Коммодор. Антониос Папаиоанноу привели троих офицеров комбинированной опер. группы 465, из Греции, Нидерландов и Испании соответственно, для посещения корабля кит. ВМФ Ухань.

Позже, целевые группы НОАК провели положительные взаимные визиты и обмены с целевыми группами России, НАТО КОГ 508, и корейскими военными кораблями.

Два корейских офицера морского эскорта смотрят демонстрацию тактического скалолазания в исполнении коммандос китайского отряда спец. операций, на взлётной площадке корабля кит. ВМФ Чжоушань.

11 августа 2009 года, контр-адмирал. Ван Джигуо, командир третьей эскорт группы НОАК и заместитель командующего Восточного флота НОАК, и его группа, посетили британский корабль её Величиства, Корнвал, и встретились с Коммодором. Чиком Королевского флота, командующим КОГ 508 НАТО.

"Почему бы вам не взять Рекомендуемый Международный Транзитный Коридор, а вместо него вы выбрали маршрут в пяти милях к северу от него?" Спросил Коммодор. Чик в недоумении. Контр-адмирал. Ван объяснил ему: "Мы делаем это, потому что мы выбрали метод сопровождающего конвоя. Наш конвой очень большой, а движение в РМТК очень оживлённое, если мы возьмем РМТК, будет трудно избежать столкновений. Маршрут в пяти

Корейский вертолёт рысь приземлился на борт корабля кит. ВМФ Гуанчжоу.

милях к северу от РМТК позволяет плавно и безопасно плыть, и там мы можем рассчитывать на поддержку от военных кораблей в РМТК в случае необходимости. Аналогичным образом, если любые торговые суда в РМТК попадут в чрезвычайную ситуацию, то китайские военно-морские силы смогут оказать помощь и им."

Нет ни одного рассказа без совпадений. В 18:35 по местному времени, 31 октября 2009 года, во время эскорт миссии в центральной части патрульной зоны НОАК № 3, корабль Чжоушань получил доклад от двух иностранных торговых судов, утверждающих, что они были атакованы лодками, подозреваемыми в пиратстве в РМТК , примерно в десяти морских милях от конвоя НОАК.

Тогда корабль Чжоушань немедленно направил корабельный вертолет с солдатами из отряда спец. операций на место для поиска. В то время, РОКС ДАЕ Дзёйонг, южнокорейский эсминец, также находился в непосредственной близости. Получив сигнал тревоги, РОКС ДАЕ Дзёйонг также направил вертолет к месту происшествия.

Благодаря тесному сотрудничеству и совместному поиску китайских и корейских вертолетов, они вскоре установили цель и осуществили надзор над целью. Проверка позже показала, что судно оказалось рыбацкой лодкой. Хотя это была ложная тревога, тесное сотрудничество и взаимная поддержка между китайскими и южнокорейскими военными кораблями стало часто рассказываемой историей в Аденском заливе.

21 сентября отмечается Международный день мира. В этот день в 2009 году, через веб-страницы, где многонациональные военно-морские силы обмениваются информацией о эскорт операциях, эскорт группа НОАК опубликовала предложения к различным организациям и военным кораблям разных народов и в Аденском заливе и у берегов Сомали: реагировать на угрозы сомалийского пиратства вместе , сохранить спокойствие и стабильность в Аденском заливе и у берегов Сомали вместе, и создать гармоничный и безопасный Золотой маршрут вместе.

22 ноября 2009 года, два офицера целевых групп НОАК были размещены на борту КЕВН Евертсен, а тем временем два голландских морских офицера взошли на борт корабля кит. ВМФ Чжоушань, поднимая занавес программы

Два молодых китайских офицера морского флота обмениваются опытом с голландскими офицерами морского флота во время программы обмена молодыми офицерами.

обмена молодыми офицерами между двумя флотами. За два дня обменов, молодые офицеры стали посланниками дружбы.

На самом деле, с тех пор как ВМФ Китая начал свою миссию эскорта в Аденском заливе и у берегов Сомали в январе 2009 года, взаимные бортовые визиты между ВМФ Китая и другими флотами стали нормальной практикой. По статистике, только одна третья целевая группа НОАК имела с иностранными военными кораблями 11 встреч на борту, две совместных эскорт операции, одно совместное учение и два дня программы обмена молодыми офицерами.

Совместные контр-угонные операции

Как гласит поговорка, «Чужие в первый раз, друзья во второй. »

Дружественные обмены между китайскими и иностранными военно-морскими силами не только углубили взаимное понимание и доверие, разделили свои успешный опыт и способствовали дружбе между собой, но и способствовали к взаимовыгодному практическому сотрудничеству.

Ранним утром 14 августа 2009 года, поступил срочный сигнал тревоги на борт корабля кит. ВМФ Сюйчжоу. Сообщение было от капитана турецкого Т.С. Элгизнур Кэби, он сообщил с дрожью в голосе: "Я атакован пиратами. Катер стреляет в меня ... "

Связь прервалась, прежде чем закончилось сообщение, и не было никакого ответа на следующие вызовы.

Как неотложно! корабль Сюйчжоу сразу же выдаёт Анти-пиратскую тревогу первой степени. Вдруг звонки на борту зазвонили. Отдел навигации сразу же начал устанавливать положение цели, а экипаж вертолета и солдаты отряда спец. операций бросились по своим местам ... Двенадцать минут

Коммодор. Михиэль Хайманс, командир на борту КЕВН Де Руйтер, корабль королевских военно-морских сил Нидерландов, посещает корабль кит. ВМФ Чжоушань вместе с его свитой.

спустя, вертолет повёз двоих солдат из отряда спец. операций и собирателя доказательств на место происшествия.

Быстро! Быстро! Быстро! Экипаж вертолета понимал, что как только пираты возьмут заложников, последствия могут быть немыслимыми. Благодаря своим профессиональным навыкам, Командир Ци Сянглонг, командир экипажа с 25-летним опытом полетов, вскоре увидел Т.С. Элгизнур Кэби.

1000 метров. 500 метров. 300 метров ... с крутым наклоном в бок, вертолет начал близкую разведку.

«Где находятся пиратские лодки? »Удивлялся Командир. Ци. Зловещее предчувствие приходило ему в голову: возможно, что корабль был захвачен пиратами?

После двух кругов над кораблём, они нашли его в целости и сохранности. Тогда где пираты? Команда была удивлина, когда яркая точка в далеке привлекла их внимание. Преследовать! Командир. Ци толкнул тяги управления, и вертолет полетел туда.

В двух морских милях от места происшествия, солдаты отряда спец. операций нашли лодку движущуюся на большой скорости. Когда вертолет приблизился, экипаж обнаружил, что в лодке было шесть человек с оружием в руках, и лестница, лежащая в середине лодки. Ориентировочно экипаж решил, что это был пиратский корабль. В этот момент вертолет окрашенный, как немецким флаг появился в поле зрения экипажа.

«Это вертолет Рысь КОГ 465». Командир. Ци сделал быструю оценку и немедленно изменил курс. Его вертолет сделал крюк позади пиратов, и окружил, пиратскую лодку, вместе с немецким вертолетом.

Китайский вертолет собирался дать предупредительные выстрелы, когда три красные сигнальные ракеты вдруг взорвались в воздухе. Командир. Ци понял, что Рысь была готова начать обстрел пиратской лодки, так что он сразу повернулся носом к вертолету. Бах! Бах! Бах! ...Рысь выстрелила блокирующую линию впереди пиратской лодкой, и только тогда пиратская лодка заглушила двигатель.

Увидев пиратов на палубе с руками за головой, Командир. Ци испустил долгий вздох облегчения. Как раз в тот момент, военный корабль ЕС приближался на расстоянии. Учитывая, что Рысь контролировала ситуацию и корабль Сюйчжоу выполнял эскорт миссию в одиночку в двенадцати морских милях от места происшествия, Командир. Ци направил вертолет обратно после того, как доказательства были собраны. Пролетая мимо Рыси, экипаж Рыси сделал знак V, и отмахали свои приветствия китайскому экипажу.

"Когда беда происходит в одном месте, помощь приходит со всех сторон." Кроме того, когда китайские торговые суда нуждаются в помощи, иностранные военно-морские силы также обеспечивают помощь.

19 октября 2009 года, китайское торговое судно Дэсинхай было захвачено сомалийскими пиратами недалеко от Сейшельских островов в Индийском океане, за тысячи морских миль от целевой группы НОАК. Благодаря хорошему сотрудничеству между китайскими военно-морскими силами и иностранными военными кораблями, КОГ 465 ЕС, КОГ 508 НАТО и КОГ 151 США активно предоставили соответствующую информацию и помощь китайской целевой группе. Т.С. Дэсинхай было угнано, КОГ 465 передала недавние фотографии Т.С. Дэсинхай, сделанные их патрульным самолетом, целевой группе НОАК через сайт Меркурий. И, 8 ноября, при посещении корабля кит. ВМФ Чжоушань, вручили лицом к лицу недавние фотографии Т.С. Дэсинхай в морском рейде Порта Хобио, сделанные 7 ноября.

Между 18 и 20 ноября 2010 года, когда ВМФ Китая спасал Т.С. Тай Анкоу, погруженную баржу, французский авианосец Шарль де Голль сообщил китайскому ВМФ расположение Т.С. Тай Анкоу. В частности, КОГ 151 США предложили свою положительную, инициативную и точную информационную поддержку для ВМФ Китая во время всего процесса операции по освобождению заложников. Они не только координировали корабль США Льюис Кларк, вспомогательное судно США в непосредственной близости от места происшествия, чтобы контролировать морской район, но и направили другой корабль США Винстон С. Черчиль, американский эсминец в 200 морских милях от них, на место происшествия на высокой скорости. Корабль США Винстон С. Черчиль выслал вертолет в положении 100 морских миль от места действия для разведки и распространил информацию для ВМФ Китая, что составило эффективную информационную поддержку для китайского военно-морского флота, чтобы принять правильное решение.

5 мая 2011 года, Гонконгский корабль Т.С. Фученг был взят на абордаж

Офицеры ЕС КОГ 465 посещают корабль кит. ВМФ Чжоушань.

и атакован пиратами и 24 члена экипажа спрятались в каютах безопасности. Кораблям кит. флота Ма'Аншань и Циандаоху было приказано спешить на место происшествия и организовать спасательные операции.

Однако, целевая группа НОАК находилась в 1280 морских милях от Т.С. Фученг. Это бы заняло более 50 часов, чтобы прибыть туда, даже если бы они шли на полной скорости.

В критический момент, восьмая эскорт группа НОАК срочно скоординировала с иностранными военными кораблями и летательными аппаратами вокруг места происшествия для поддержки. Вскоре они вошли в контакт с турецким фрегатом КТ ВМФ Гиресун и возглавляемой США КОГ 151. Гиресун, который был ближе всего к Т.С. Фученг, бросился к месту происшествия на высокой скорости. И потом, патрульный самолет индийской береговой охраны, корабль ВМФ Италии Эсперо, фрегат ВМФ Италии и корабль США Бункер Хилл, крейсер ВМФ США, подряд прибыли в область места происшествия ...

После пяти часов высокоскоростного путешествия, корабль турецкого ВМФ Гиресун прибыл на место происшествия первым. Благодаря координации с ВМФ Китая, Гиресун выслал солдат членов группы спец. операций на борт Т.С. Фученг и успешно спас 24 моряка.

Всегда существуют совпадения в истории. Пока корабль Гиресун прилагал все усилия, чтобы спасти Т.С. Фученг, кораблю кит. ВМФ Вэньчжоу из восьмой целевой эскорт группы удалось отогнать пиратские лодки, которые преследовали грузовое судно, а на борту сухогруза находились 20 турецких моряков.

Так случилось, что там был подобный случай. 6 апреля 2012 года, китайское Т.С. Сянгхуамэн был пойман врасплох внезапной атакой пиратов в море Ирана. Пираты поднялись на борт и весь экипаж был взят в заложники. Одиннадцатой эскорт группе НОАК было приказано спешить на высокой скорости к месту происшествия для проведения спасательных операций.

Тем не менее, для целевой группы НОАК расстояние в более 1000 морских миль, заняло бы больше 30 часов, чтобы достичь сцены даже на полной скорости.

ВМФ Китая активно координировал международные военно-морские силы для проведения вооруженного спасения. ВМФ Ирана выслал свои военные корабли и самолеты, и при поддержке со стороны ряда других флотов, Т.С. Сянгхуамэн было успешно спасено девять часов спустя.

Совместные эскорт операции

Обычно, каждый из флотов совершающие самостоятельных эскорт операции в Аденском заливе посылают один или два боевых корабля. Рассчитанный тактически, существует верхний предел для эскорт способностей каждого военного корабля. То есть, максимальное количество эскортируемых судов в конвое ограничено, иначе эскортируемые корабли будут в скрытой опасности быть атакованными и захваченными пиратами. При наличии большого количества эскортируемых судов в составе конвоя, будет мудрым выбором провести совместный эскорт с другими флотами.

10 сентября 2009 года, корабль кит. ВМФ Чжоушань и корабль ВМФ

Китайско-Российские совместные эскорт операции.

РФ Адмирал Трибуц, Российский противо-подлодочный корабль класса Удалой, совершили совместный эскорт 18 торговых судов из разных стран в Аденском заливе. Это была первая совместная эскорт операция, в которой китайский ВМФ сотрудничал с иностранными флотами, открывая новую главу в сотрудничестве с иностранными флотами.

Китайские и российские военные корабли, преодолевая различные трудности, в том числе языковые барьеры, разработали в концерте девять схем реализации совместного эскорт сервиса. Схемы специфицировали планы действий в чрезвычайных ситуациях в отношении пиратских угроз, проверка подозрительных целей и принятие мер в отношении внезапных неудач эскортируемых судов, и дали понять, разделение труда в соответствии с областями и временем.

В 17:30 по местному времени, 10 сентября, на взлётной палубе корабля кит. ВМФ Чжоушань, яркий пятизвездочный красный флаг и флаг России были исключительно блестящими. "Церемония отправления совместного конвоя между Россией и Китаем!" Вместе с объявлением конферансье на китайском и русском языках, национальные гимны России и Китая звучали величественно и резонансно.

Контр-адмирал. Сергей Алёкминский, командующий целевой эскорт группы ВМФ России и 1-й заместитель командующего войсками Северо-Восточной группы войск и военными силами России, и контр-адмирал. Ван Джигуо, командир третьей китайской военно-морской целевой эскорт группы и заместитель командира флота в Восточно-Китайском море, адресован соответственно. Они оба высказали мнения, что совместная эскорт миссия между Китаем и Россией была большим событием в дружественном обмене и сотрудничестве между китайским ВМФ и ВМФ России, что это было

Корабль кит. ВМФ совершает пополнение в море для большого Российского анти-подлодочного боевого корабля.

первым военным действием, за исключением войны совместно выполненное флотами обеих стран, и что это отвечает концерту угроз морской безопасности и конкретному воплощению доверия и дружбы между двумя вооруженными силами и военно-морскими силами.

Два флота также сделали сертификаты совместных эскорт услуг, которые подписаны вручную, командирами обеих целевых групп и выданы капитанами эскортированных судов.

В 17:45 по местному времени, совместная целевая группа состоящая из корабля кит. ВМФ Чжоушань и КРФ Адмирал Трибуц снялась с якоря, чтобы сопроводить восемнадцать торговых судов.

В ходе сопровождения, КК ВМФ Чжоушань и КРФ Адмирал Трибуц сотрудничали молчаливо. Они иногда сопровождали конвой от передней и задней части с обеих сторон, а иногда выдвигались вперед осторожно патрулируя вокруг конвоя. Вертолеты обеих сторон парили в согласованном воздушном пространстве. Гигантская колонна была похожа на длинного дракона лежащего на море, и два военных корабля были как два мощных крыла.

Во время выполнения эскорта, судовые вертолеты обеих сторон взлетали на совместное патрулирование несколько раз. Китайский вертолет патрулировал в течение 14 вылетов, в общем три часа и 33 минуты, а российский вертолет патрулировал 12 вылетов.

Командование эскорт-сервисом было разделено на два этапа. Первым этапом командовала китайская сторона, а когда конвой прибыл в центральную точку РМТК, командование было передано России.

Во время сопровождения, обе стороны тесно сотрудничали в командовании и коммуникациях, и повысили обмен антипиратской информацией. Российская сторона поделилась информацией со своим китайским коллегой относительно коммуникаций пиратских радио, а китайская сторона проинформировал российскую сторону по поводу информации и разведки касательно эскорт сервиса.

Если мы говорим, что совместный эскорт сервис это прямой путь сотрудничества, то координация датами рейсов является косвенным. Какой бы путь не был принят, флоты в области имеют общую цель: гарантировать безопасность судоходства в Аденском заливе.

Опыт показал, что сопровождающий эскорт метод принятый независимыми флотами безопасен и надёжен. В этом методе, две точки рандеву установлены соответственно на восточной и западной сторонах Аденского залива, и торговые суда группируются в конвой для транзита через Аденский залив, передвигаясь с постоянной скоростью (обычно, 12 узлов) эскортируемые военными кораблями сопровождения.

Но есть и проблема с этим методом: независимые эскорт операции похожи на запуск автобусов на автовокзалах, и т.к. военно-морские силы публикуют свои ежемесячные эскорт планы самостоятельно, поэтому сложно организовать расписание. Иногда "нет автобуса, чтобы взять" в течение одного или двух дней, как нет никакого военного корабля для эскорта и торговые суда должны терпеливо ждать, что задерживает их даты отплытий; а иногда есть "слишком много автобусов" за один день, то есть, есть военные корабли из числа военно-морских флотов, и торговые суда не знают, к каким военно-морским конвоям присоединиться.

Для удобства торговых судов и для разумного использования сил эскорта, чтобы минимизировать расходы ресурсов, с 2011 года, ВМФ Китая осуществляет контакты и координацию с положительно заинтересованными сторонами, и установил систему координации графика сопровождений с индийскими и японскими ВМС.

В январе 2012 года Китай, как "Ответственное государство за координацию" за первый эскорт график, своевременное опубликовал эскорт график за первый квартал 2012 года, на основании которых Индия и Япония скорректировали свои собственные графики сопровождения. Таким образом, была сформирована единая и упорядоченная система эскорт графиков.

С января по март 2012 года, Китай, Индия и Япония устраивали 29 эскорт дат каждый месяц, среди которых на долю Китая приходилось десять дат, также десять для Индии и соответственно девять для Японии. Затем координирование эскорт графика за первый квартал было успешно реализовано. В соответствии с договором, Индия и Япония по очереди выступали в качестве "Ответственного государства за координацию" эскорт графика во втором и третьем кварталах 2012 года.

Такой механизм координирования эскорт графика собрал ресурсы разных наций для эскорт операций, помог улучшить эффективность сопровождения, и был полностью одобрен имеющими отношение странами, международными организациями и судоходным сообществом. В настоящее время, есть и другие независимо эскортируемые нации надеющиеся присоединиться к этому механизму координации и соответствующее координирование осуществляется в соответствии с графиком.

Совместные учения

В целях улучшения возможностей совместных антипиратских операций и сотрудничать с другими флотами более тесно, ВМС Китая последовательно провели совместные учения с российской целевой эскорт группой и возглавляемой США КОГ 151.

18 сентября 2009 года, третья эскорт группа НОАК и целевая эскорт группа России провели совместные учения, названые (Мирный Синий Щит 2009) в западных водах Аденского залива. Это было первым международным военным сотрудничеством с участием фактических войск, которое имел китайский флот во время исполнения эскорт миссий, и, следовательно, оно имело новаторское значение.

Эти учения включали семь упражнений, такие как связь и рандеву между обеими целевыми группами, маневры формирования изменений, семафорная коммуникация, пополнение в море, проверка подозрительных судов с сотрудничеством между вертолетами и военными кораблями, стрельба вспомогательных орудий по морю, и совместный обзор флота.

В ходе учений о совместной проверке подозрительных судов, крупногабаритный российский БПК Адмирал Трибуц выдал предупреждение "Подозрительная лодка, замечена в 15 градусах по моему левому борту. Проверьте это сразу." Тогда и китайские и российские военные корабли активировали "Анти-пиратскую тревогу первой степени" Китайские лодки начали быстро и закончили контроль периферии судна и разведку целей.

В практике стрельбы, цилиндрические мишени были менее полу-метра в ширину и одного метра высотой, и можно себе представить, как трудно

Моряк ККВМФ Чжоушань наблюдает за семафорными сигналами КРФ Адмирал Трибуц.

было целиться на расстоянии двух морских миль. Находясь напротив цели мерцающей в волнах, китайский стрелок открыл огонь и попал в цель.

Российский офицер вздохнул и сказал: "Превосходная тактика и отличное качество китайского флота оставили глубокие и прекрасные впечатления совершенства, которое преследует ВМФ России"

18 сентября, в определенной области Аденского залива, а ККВМФ Иян двенадцатой эскорт группы НОАК и корабль США Уинстон Черчилль 55-й целевой группы США, разрезая волны вплотную приблизились друг к

Коммандос из Китая и США сотрудничают во время поисковой операции.

другу, ВМФ Китая и ВМФ США начали первые совместные антипиратские упражнения с момента их первых эскорт операций в Аденском заливе.

В 11:00 по местному времени, командиры обеих сторон достигли соглашения на борту ККВМФ Иян. В соответствии с соглашением, корабль США Уинстон Черчилль будет выступать в качестве подозрительного торгового судна, и 18 солдат спецназа были организованы в две поверхностные группы коммандос, которыми командовали обе стороны по очереди, в свою очередь команда корабля ККВМФ Иян начнёт поднятие на борт Т.С. Черчилль и проведёт действия посещения, поднятия на борт, поиска и захвата. В течение этого периода, вертолет ККВМФ Иян возьмёт на себя задачу охраны с воздуха.

В 13:00 по местному времени, ККВМФ Иян активировал анти-пиратскую тревогу первой степени, как было запланировано, и зазвучала боевая тревога. Несколько членов экипажа сформировали группу огневой поддержки, которые, лежа на палубе при температуре выше сорока градусов, бдительно наблюдали за "Т.С. ЧЕРЧИЛЛЬ"; вертолет немедленно поднялся в воздух и занял выгодную позицию, сохраняя строгий надзор над территорией вокруг "Т.С. ЧЕРЧИЛЛЬ" ...

На взлётной палубе ККВМФ Иян, 36 китайских и американских солдат спецназа выстроились для захода на борт в групповой последовательности: группа огневой мощи, контрольная группа и группа проверки, ожидая приказов в полном боевом порядке. Несмотря на различия в их цветах и языках, морские офицеры и мужчины, собирающиеся с общей целью поддержания гармонии и спокойствия в Аденском заливе, общались друг с другом с помощью жестов и дружелюбно помогали друг другу с проверкой оборудования.

В 13:10 по местному времени, первые коммандос взобрались в лодки через лоцманский трап, и приблизились к "Т.С. ЧЕРЧИЛЛЬ". С корабля ККВМФ Иян было видно, военный корабль, лодки и вертолет сформировали трехмерный боевой массив в огромном океане, фиксируя подозрительное торговое судно, где оно находилось без движения.

В 13:30, группа огневой мощи первого отряда коммандос прибыла на правый борт "Т.С. ЧЕРЧИЛЛЬ", Капитан. Филипп Кокс, командующий на месте действия, немедленно приказал троим американским членам и троим китайским членам взобраться на корабль в средней части судна поочередно. Затем они развернули поисковое формирование и провели обыск судна в направлении рубки управления, крест-накрест. После вхождения внутрь, контрольная группа, которая поднялась позже, быстро взяла контроль над персоналом в рубке, и группа проверки начала проверять документы "торгового судна".

Они не только боролись плечом к плечу, но и конкурировали на той же арене. Замечательное выступление первой группы коммандос заставило, китайского руководителя группы спецназа Лейтенанта. Ли Чжэнь Хуа тайно аплодировать. Но внимательный Лт. Ли обнаружил, что, когда члены первой группы коммандос поднялись на "торговое судно", скорость всей группы коммандос пострадала от медленных движений нескольких высоких членов в передней части. Так что перед отправлением, Лт. Ли сделал мелкий поправки в последовательности поднятий на борт спецназовцев в соответствии с их скоростью при подъёме, поэтому более быстрые поднимались первыми. В результате, скорость была довольно значительно улучшена, как и ожидалось.

Казалось бы, небольшие изменения, сделанные Лт. Ли были одобрены девятью американскими коммандос. Они хорошо понимали, что секундное замедление при заходе на борт, может привести к полному провалу в анти-пиратском бою.

Подозрение росло над "торговым судном" и упражнение продолжалось наравне с биением сердца. После того, как вторая группа коммандос попала на борт, они контролировали основные проходы возле моста, и осуществляли поиск в каютах, покрывая друг друга.

Хотя это было первым сотрудничеством между ними, хорошо обученные коммандос обеих сторон сотрудничали довольно молчаливо с их совершенными навыками и отличным тактическим пониманием. "Прикрой меня!" На углу внутреннего прохода, Срж. Чжан Бенчжоу, член китайского коммандос, сделал легкий стук по шлему, и два американских коммандос быстро проследовали и заняли благоприятное место, и прикрываемый Срж. Чжан быстро прошёл.

Коммандос успешно выполнили поиск . Они обнаружили четырех подозрительных членов экипажа в рубке "торгового судна", и взяли их под стражу контрольной группы. Проверяя и навигационные документы и груз, а также проверяя личности экипажа ... коммандос США группы проверки сделали все умело, и их богатый опыт и четкое видение восхищали китайских коммандос.

В фазе обзора, персонал наблюдения с обеих сторон постановил, что китайские и американские члены коммандос, продемонстрировали свои преимущества. Обе стороны также выразили желание укрепить международное сотрудничество в области эскорт операций и дружно поддерживать спокойствие в Аденском заливе!

Международный симпозиум по анти-пиратству и эскорт операциям

Поскольку ситуация с пиратством в Аденском заливе и у берегов Сомали постоянно менялась, это эффективный способ борьбы с угрозами пиратства для различных флотов и международных организаций, регулярно проводить конференции, чтобы анализировать ситуации, выяснить проблемы, разрабатывать контрмеры, обмениваться опытом и углублять сотрудничество.

23 февраля 2012 года, Международный симпозиум по борьбе с

Первый международный симпозиум по борьбе с пиратством и эскорт операциям, проводимый ВМФ Китая.

пиратством и эскорт операциям был проведен в академии военно-морского командования НОАК, в Нанкине, Китай. Девяносто семь делегатов, из четырех международных организаций ЕС, НАТО, многонациональных морских сил, а также Балтийской и международной морской конференции (БИМКО), из

Греческий фрегат Псара и ККВМФ Ухань из первой целевой группы направляются в Аденский залив.

двадцати стран, Бахрейна, Франции, Германии, Индии, Италии, Пакистана, Саудовской Аравии, Великобритании, США, Китая и т.д., находились там на двухдневной дискуссии. Через обмен опытом, профессиональные изучения и групповые дискуссии, они обсуждали темы о ситуации пиратства, разведку, опыт в спасательных операциях с помощью силы, организацию морских военных операций, правовые вопросы в отношении эскорт операций, а также поддержку эскорт услуг.

Вице-адмирал. Дин Ипинг, заместитель командующего ВМФ Китая, принял участие в симпозиуме и обратился к аудитории, которая вызвала горячий отклик среди делегатов.

Делегаты из различных стран и организаций высказывали свои мнения свободно и обсуждения были весьма горячими. Симпозиум достиг цели укрепления взаимопонимания и углубления международного сотрудничества.

"Ни одно государство не может выполнять важную задачу поддержания безопасности на море в одиночку." Это был консенсус всех делегатов во время симпозиума. Аденский залив в северо-западной части Индийского океана огромен по площади, и если военные корабли военно-морских сил будут сражаться в своих собственных битвах, было бы трудно выполнить эскорт миссии, также как чашкой воды потушить лесной пожар.

Лт. Кмдр. Харрис Туэнкэ из турецкого флота сказал: "В последние годы контр-пиратские силы стали очень мощными, но пираты полны умений и хитрости, и их трюки были обновлены. Так что для военно-морских сил имеет важное значение, обмен опытом друг с другом в эскорт операциях и углубление сотрудничества между ними. "Капт. Томас Шульц, генеральный директор секции совместных операций федерального министерства обороны

Германии указал, что, столкнувшись с нынешней ситуацией, это не только необходимо, но и очень важно укрепить взаимный обмен и сотрудничество между любыми эскорт силами.

Дальнейшее углубление обменов и сотрудничества стало обращением и ожиданием конференции. Командир третьего флота ВМФ Сингапура отметил, что ВМФ Республики Сингапур добился определенного сотрудничества с военными кораблями других стран в организации, управления и обмена информацией, но этого было не достаточно. Он сказал, что Сингапур посвящен в глубокое сотрудничество с такими странами, как Китай, Россия и Индия, и т.д. таким образом, чтобы согласованно поддерживать безопасность и стабильность в Аденском заливе и у берегов Сомали.

Кмдр. Кэролайн Канья, юридический советчик многонациональных военно-морских сил, и Кмдр. Сайед Хашим Раза, вице-президент Пакистанской военно-морской академии, искренне выразились в своих выступлениях, что они были благодарны Китаю за проведение семинара и выразили надежду, что Китай продолжит создавать такую платформу для углубленного обмена и сотрудничества.

Капитан. Фил Хэслэм, начальник штаба военно-морских сил ЕС, отметил, что симпозиум точно показал наши общие цели и роли, которые мы могли бы играть, и был полезен для продвижения практического сотрудничества.

От обмена контр-пиратской информацией и взаимных бортовых визитов командиров, к совместным эскорт операциям, совместным учениям и программам обмена молодых офицера, и к организации Международного симпозиума по борьбе с пиратством и эскорт операциям, и до основания новой платформы для углубленного сотрудничества, ВМФ Китая, с его открытым, уверенным в себе и готовым к сотрудничеству отношением, оказал большие усилия и добился больших достижений мирового значения к сохранению мира и спокойствия в Аденском заливе вместе с флотами по всему миру.

Можно ожидать, что наряду с нормализацией эскорт операций, обмен и сотрудничество между ВМФ Китая и других флотов будут укрепляться с повышенной деятельностью, расширенными полями и большим практическим содержанием.

Глава 5

Жизнь солдат и офицеров во время эскорта операций

В самом начале эскорт операций, многим людям было довольно любопытно: Так как китайские целевые группы ВМФ находились на эскорт миссии в Аденском заливе и у берегов Сомали почти за десять тысяч километров, и это бы заняло пять-шесть месяцев для каждой целевой группы, чтобы проделать путь туда и обратно в Китай, так как же проходит их жизнь там? Как они преодолевают проблемы, вызванные узким пространством на борту, трудности с поставками в огромном океане, тяжелые задачи эскорта и однообразная жизнь? Каким был их рацион? Какие виды отдыха и развлечений у них были? Как они проходили физические тренировки? Как они связывались с их семьями? И как они тратили свою жизнь во время отдыха и реорганизации в порту? ...

Откровенно говоря, если вы зададите эти вопросы, солдатам и офицерам первой тактической группы НОАК, скорее всего окажется, что у них не будет удовлетворительных ответов, поскольку это было первым разом, когда они были на военных миссиях за рубежом в течение; долгого времени. На самом деле, для подавляющего большинства из них это был первый раз, когда они "вышли за пределы Китая".

Без какого-либо опыта или любых готовых процедур действий, китайские военно-морские офицеры и солдаты, посредством постоянной практики и выводов, а также с их лояльностью, храбростью и мудростью, постепенно создали понятие жизни во время эскорта "Дом на море и гость на земле ".

Эскорт миссия не удержала женщин в дали

Поговорка "война удерживает женщин в дали" вызвала высокую гордость и рвение у бесчисленных мужчин и мрачные депрессии у множества женщин. Тем не менее, в эскорт группах НОАК было специальное сообщество. Для их семей, они дочери родителей, или может быть женами мужей или матерями детей, но для простых людей, нет никакой разницы между ними и солдатами и офицерами мужского пола. Они сотрудники ВМФ - связисты, операторы радаров, рулевые, мед. сотрудники, инженеры, сотрудники конфиденциального

Радостные героини сопровождения.

штаба, офицеры культуры, переводчики и тд.

Как и служащие мужчины, они прошли через различные тяготы и невзгоды, и выполняли свои обязанности добросовестно для поддержанию мира и спокойствия в Аденском заливе.

“Моя Мама На Эскорт Миссии!”

Среди первых 800 солдат и офицеров, которые отправились в Аденский залив для эскорт миссии, было только две женщины, Ху Айся, офицер без ранга и Пэн Хуахуа, записаная, оба они являются медсестрами из больницы № 425 НОАК. Как того требуют задачи, Ху и Пэн служили непрерывно в первой и второй группах с общим сроком до 243 дней, что является рекордом самой длинной морской службы женщины-офицера НОАК и мужчин.

Сегодня, г-жа Ху до сих пор помнит диалог между ней и ее дочерью, когда она получила известие об отправлении на эскорт миссию.

"Мама отправляется в очень далекое место по поручению. Ты будешь вести себя хорошо дома с папой, не так ли, дорогая? "Сказала Ху своей дочери на пути домой из детского сада.

"Почему ты, а не другие мамы?" Её трёхлетней дочери было немного любопытно.

"Потому что мама женщина ВМФ, и мама нужна там." Глядя на дочь, серьезно ответила Ху.

"Как долго ты там будешь, мама?"

"Может быть, полгода." Она не хотела лгать своей дочери, и сказала ей правду.

"Я не хочу, чтобы мама туда уезжала! Я не хочу, чтобы мама туда уезжала!"

Понимая, что мама будет отсутствовать в течение полугода, девочка вдруг обхватила ноги ее мамы, крича и плача.

Столкнувшись с ее наивным милым ребёнком, Ху потеряла дар речи ...

В день поднятия якоря, муж и дочь Ху пришли к причалу, чтобы проводить её. Как она собиралась подняться на борт, ее дочь вдруг взяла фруктовый нож из ее портфеля и отдала его Ху, сказав с серьезным тоном: "Возьми этот нож с собой, мама. Ты сможешь защитить себя с ним, когда ты встретишь пиратов.

"Видя серьезное лицо ребенка, Ху взяла дочь на руки, заливаясь слезами ...

Кто как родители во всем мире не заботятся о своих детях? Кто как сын или дочь собирающиеся в путешествие, не привязаны к своей семье? Какая молодая душа не стремится к сладости любви?

Как гласит древняя китайская пословица, "Солдаты и офицеры должны забыть о своих семьях при получении заказов; забыть о своих родственниках, до начала битвы;. и забыть себя, когда начнётся наступление" Так как она вступила в военно-морской флот, Ху четко знала, что , как солдат, с того момента как он / она получает приказ, они не только родители, супруги или сыновья / дочери, но солдаты принадлежащие стране.

На протяжении эскорт миссии, Ху и Пэн заботились о здоровье солдат и офицеров, а также гражданских моряков с их непревзойденными навыками и большой заботой, которые произвели единодушные благоприятные комментарии.

1 февраля 2009 года, г-н Чэнь Шуай, матрос стажёр Гонконгского грузового судна Т.С. Хуанда, сломал фалангу указательного пальца люком, когда открывал дверь в машинном отделении. Ху вместе с другими товарищами по команде медицинской помощи, сели в лодку и отправились на Т.С. Хуанда. После поднятия на борт, они измерили кровеносное давление пациента и сделали ему антиинфекционную и гемостатическую инъекции. После лечения в течение часа, г-н Чэнь Шуай начал чувствовать себя лучше.

30 апреля 2009 года, после получения запроса о помощи от Т.С. Чженьхуа 4, эскорт группа приказала медицинской команде срочно отправляться для оказания мед.помощи. Ху и команда, невзирая на волны, добрались до корабля на лодке и взобрались на борт Т.С. Чженьхуа 4 и успешно спасли члена экипажа, страдающего от шума в ушах и головокружения, который не принимал никакой еды в течение шести дней подряд.

На досуге, Ху Айся и Пэн Хуахуа иногда входили в каюты для оказания психологической консультации для солдат и офицеров, а иногда и входили в кухню, чтобы "показать свои навыки приготовления пищи". Они также вызывались выступать в качестве конферансье на программах развлечений.

Пэн Хуахуа была «звездой» на вечеринках всех уровней на борту корабля кит. ВМФ Вейшаньху. Она была вполне профессиональной от объявлений на сцене до регулирования атмосферы места. Ее нежный голос неизменно вызывал реакции симпатии со стороны солдат и офицеров. Два ангела принесли здоровье для солдат и офицеров, и добавили яркого цвета в напряженную и скучную жизнь в эскорте.

12 мая, а именно в международный день медицинских сестер, Ху и Пэн получили по электронную карту, сделанную их товарищами, в которой написано: "С международным днём медицинских сестер, наши Найтингейл Флоренс в Аденском заливе" В конце их эскорт миссии Ху был избрана в "Топ десятку эскорт Авангарда", и каждый из них были удостоены знаками заслуг третьего класса.

В Аденском заливе, были не только женщины, врачи и медсестры, но и группа женщин рядовых, которые участвовали в независимых обязанностях часовых в качестве бойцов.

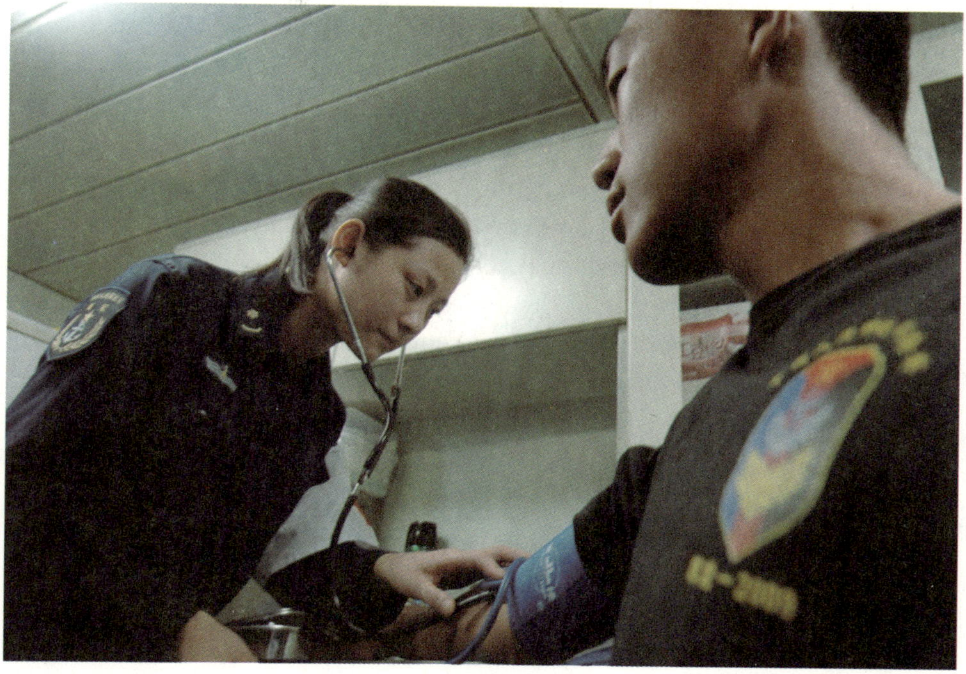

Кпрл. Шао Сяоцин, мед-сестра на борту корабля кит. ВМФ Чжоушань третьей целевой эскорт группы, измеряет кровеносное давление моряка ВМФ в лазарете.

Золотые цветы, цветут в Аденском заливе

Среди более чем 800 солдат и офицеров седьмой эскорт группы НОАК, была специальная группа девушек. Они были первыми, четырнадцать женщин-членов экипажа ВМФ НОАК, которые были зачислены на боевое дежурство на борту.

Они разделили общую характеристику, то есть, все они были университетскими выпускниками или студентами, называемые солдатами-студентами.

Те, кто знаком с военно-морской историей, знают, что есть женщины-члены экипажа в личных составах военных кораблей в крупных ВМФ во всем мире, проводящие океанские учения и оперативные задачи. В марте 1991 года семнадцать женщин медицинского персонала китайского флота взошли на борт корабля-госпиталя Нанфанг, событие которое послужило началом новой эры. Позже там появились женщины-офицеры, выполняющие задачи на борту военных кораблей, но то, что они предприняли было вспомогательными услугами, как медицинское обслуживание, толкование или культурная работа.

В то время на борту, не было ни одной женщины среди членов экипажа, которые состояли на боевом дежурстве. В июне 2010 года ВМФ решил записать женщин на боевое дежурство на борта трех кораблей седьмой эскорт группы НОАК, намереваясь обучать и развивать моряков женщин через морские эскорт операции, чтобы они могли взять на себя боевые обязанности.

В сентябре 2010 года, восточный морской флот ВМФ НОАК выбрал четырнадцать из нескольких сотен женщин из нескольких подразделений в ходе интервью, физических тестов, медицинских осмотров и тестов основных знаний. Четырнадцать женщин-военнослужащих были сгруппированы в седьмую эскорт группу НОАК на посты, такие как связисты, радисты, операторы радаров, рулевые контроллеры и боцманы, образуя первый органический женский отряд в эскорт группах ВМФ НОАК.

Для всех, которые идут в море в первый раз, получение морской болезни может быть одним из самых незабываемых впечатлений.

На третий день, когда целевая группа прибыла в Южно-Китайском море, океан, который предоставил романтический вид с скручивающимися волнами и летающими чайки вдруг изменился. Большие волны от 4 до 5 метров выросли на волнующемся море и набросились подряд на военные корабли, которые были подброшены вверх и опущены вниз вздымающимися волнами.

Трещины плит корпуса, шлепки волн, разбивающихся о иллюминаторы, а также дребезжащий звук вызванный различными вещами в каютах, которые потеряли равновесие, все напугало довольно много девушек до скручивания на кровати в бессоннице. Когда прозвенел звонок подъема, половине девушек, которые поднялись раньше времени и осматривались там и тут за день до этого, сегодня не удалось встать вовремя. Головокружение, тошнота, рвота

Морячки седьмой эскорт группы на службе на мостике корабля кит. ВМФ Циандаоху.

Кпрл. Джанг Ян, морячка седьмой эскорт группы, в данный момент изучает сигналы флагами под руководством лидера отряда.

... серия обязательных предметов, которые нужно принять и преодолеть как моряк, один за другим пришли.

Для того, чтобы четырнадцать женщин-членов экипажа, выполняли требования своих постов на борту, седьмая целевая группа НОАК организовала четырнадцать девушек в семь групп по пяти специальностям, и создала профессиональный оценочный банк вопросов для них, назначила начальников отделов и лидеров отрядов помогать и направлять их и усовершенствовала системы обучения операции.

В ходе эскорт миссии, четырнадцать морячек тяжело работали и значительно улучшили свои навыки. Все они прошли с хорошими оценками практический тест операцию строго организованную целевой группой, и предварительно квалифицировали себя для независимых обязанностей.

17 декабря 2010 года, после месячного посещения курсов, девушки получили первый тест. В экзамене составленном совместно командующими офицерами и ветеран лидерами отрядов, они получили средние оценки 97 баллов.

Радостное изучение

25 января 2011 года, в рубке корабля кит. ВМФ Циандаоху, Чэнь Чэнь, девушка студент-солдат управляла штурвалом, ведя военный корабль в десять тысяч тонн через поверхность, неуклонно вдоль маршрута сопровождения. До того времени, первые 14 женщин-членов экипажа НОАК, которые были записаны на боевые посты на борту военных кораблей, все имели предварительные способности выполнять независимые обязанности, что стало новым океанским рекордом в истории ВМФ НОАК.

Они доказали, своим потом, способностями и мудростью, что то, что мужчины могут делать хорошо, тоже может быть хорошо сделано и женщинами.

Ребёнок названный Ядинг (Аден)

В китайской армии, жена военнослужащего называется "Чжунсао" . В COSCO, жена моряка называется "Хайсао". Что касается жен военно-морских офицеров и солдат, они характеризуются как "Чжунсао", так и"Хайсао" за их преданность, вклад, заботу и стремления.

Позади солдат и офицеров в эскорт силах НОАК, стоит сообщество женщин, молодые или старые, они разделяют общее название-Чжунсао, независимо от того, насколько они заняты, их чувства тесно связаны с огромным Аденским заливом . Они скрывают озабоченность и стремления глубоко в своих сердцах и несут все тяготы их семей, воспитание своих детей и заботу о своих родителях, бабушках и дедушках, что является достойной интерпретацией их чувств к своим семьям и нации.

12 января 2009 года, две радостные вести пришли из дома в Аденский залив, на расстоянии тысяч километров: Чжоу Шиченг и Чжонг Чженбо, два сержанта электромеханического отдела, они были благословлены рождением сыновей, рождение которых отличалось только на один день.

Хорошая новость широко распространилась на борту корабля кит. ВМФ Хайкоу, как сладкий попкорн выскакивает из кастрюли. Командир целевой группы дал обоим специальное разрешение, чтобы сделать звонок домой через спутниковый телефон.

"Как ты, и как наш сын? "Новоиспечённый отец не мог сдержать своё волнение, а на другом конце провода, было счастье молодой матери:" У нас всё хорошо! Не волнуйся. Просто усердно работай, как обычно. "

Услышав голос своей жены, Чжоу почувствовал глубокое облегчение, его лицо осветилось радостью.

"Тогда назови его Ядинг." Перед лицом своих товарищей, Чжоу плотно держал трубку и произнес слова, которые он планировал уже долгое время в своём сознании.

Чжонг Чженбо был медлителен со словами, так что пока у него были тысячи слов в уме, он сказал только одну фразу после долгой паузы: "Жди меня, и я справлюсь ради вас." Его жена была довольно щедра : "Передай почтение нашего малыша его дядям!"

Товарищи возле него взволнованно вскрикнули: "Спасибо тебе, саодзи! Пожалуйста, позаботься о нашем маленьком моряке! "

Жёны, Чжоу и Чжонга, были в их родных городах, так что обе пары жили отдельно друг от друга, а жены оказывали себе много внимания, с начала беременности. И предполагаемые даты рождений их детей были в середине января 2009 года.

В результате обсуждений между каждой парой, мужья брали отпуск, чтобы заботиться о своих женах.

Но в декабре 2008 года, их отряд внезапно получил задание провести эскорт операции. Взвесив национальные дела и семейные дела, и также "большую семью" и "маленькую семью", оба солдата, выбрали выполнение эскорт миссии.

Чжоу Ли, жене Чжоу Шиченга, пришлось сделать кесарево сечение, поскольку шея плода была дважды обмотана пуповиной. В Китае, кесарево сечение должно быть одобрено подписью родства прямого семьи рожающей женщины.

Когда врач сказал Чжоу Ли: "Пусть ваш муж распишется здесь", Чжоу только объяснила, "Его отец находится на эскорт миссии в Аденском заливе. Доктор, могу ли я расписаться за него? "В итоге, Чжоу Ли сама подписала письменное согласие на операцию.

Чжоу Шиченг чувствовал себя виноватым за тяготы его жены. С того дня, когда судно снялось с якоря, он думал о том, как назвать своего ребенка. На первое утро после прибытия целевой группы в Аденский залив, он вдруг вспомнил о слове "Ядинг", которое является китайским словом для слова "Аден". Он думал, что у этого слова было памятное значение и резонансное произношение, которое позволило бы ребёнку помнить: когда он родился, его папа был на эскорт миссии в Аденском заливе, и это была его мать, которая приветствовала его в мир, так что он должен быть благодарен своей матери и должен понять своего отца ...

Поддержка еды и напитков

Когда боевой корабль плавает в море, для человека очень просто почувствовать физический спад или даже подвергнуться различным заболеваниям, если он или она плохо питается и долгое время присутствует нехватка витаминов. Шестьсот лет назад , западные люди подвергались " профессиональному заболеванию " – Цинге - во время океанских рейсов, а в то

Доктор. Хоу Цзень Ше улыбается при виде зелёных овощей.

же время в течение семи плаваний флота Чжэн Хэ, никто из более чем двадцати тысяч моряков на бортах более ста военных кораблей имел такую болезнь, хотя каждый рейс продолжался около двух лет , а иногда они даже были вынуждены плавать в море в течение нескольких месяцев подряд. Оказалось, что у них были специальные корабли с водой и продовольственные суда, созданные на флоте. На бортах продовольственных кораблей, кроме зерна и второстепенных продуктов питания, были также , рогатый скот, лошади и овцы и т.д., и логистическая поддержка сотрудников , специализирующихся на разведении ростков фасоли и делающие бобовый сыр. Сегодня, как океанские миссии сопровождения ВМФ Китая стали нормальными и стабильными, поддержка продуктов и напитков становится все более и более зрелой и улучшенной.

“Доктор овощей”

Во время океанских плаваний военного корабля, обычно нет никаких проблем с основными продуктами питания, как мясо и рис, которые можно хранить долгое время. Проблемой является поставка овощей, которые трудно хранятся и легко гниют с течением времени. Если солдаты и офицеры будут употреблять недостаточно овощей, они начнут страдать от различных заболеваний, как язвы во рту.

В настоящее время, солдаты и офицеры эскорт групп НОАК не только могут употреблять сезонные овощи, но и цвета, категории и питательные свойства овощей ни в чем не уступают тем, которые на суше. Расхваленная солдатами и офицерами, это новая технология поддержания свежести, которая "озеленила" их блюда и решила сложные проблемы хранения свежих овощей во время океанских путешествий.

Эскорт операции военных кораблей в Аденском заливе и у берегов Сомали характеризуются с их длительной продолжительностью, большым количеством персонала и большими расстояниями от тыловых баз обслуживания. Ранее из-за многоих сортов, больших количеств и смешанного хранения загруженных овощей, а также простой упаковки, нескольких каналов продаж, ненаучного холодильного оборудования для овощей, продолжительность их хранения была в значительной степени сокращена, и трудность в поддержке овощей была одной из важных факторов в ограничении боевой эффективности эскорт

Для обеспечения солдат и офицеров свежими овощями каждый день, полностью мидифицированная атмосферная технология упаковки, а также овоще-консервирующие средства, такие как растительная аниона хранения и генератор озона, были приняты логистической базой поддержки, принадлежащей южно-морскому флоту НОАК.

операций.

Для преодоления трудностей в поддержке свежих овощей для солдат и офицеров сопровождения, научные сотрудники Института медицинских исследований, организованного отделом логистической службы ВМФ Китая, разработали новую технологию для сохранения овощей, которая подходит для холодильных камер хранения на бортах военных кораблей, образуя полный комплект процедур хранения овощей от источников овощей, процессов их переработки и упаковки и поставки их на борта военных кораблей, на хранение и распоряжение ими. Применяя эту новую технологию, срок хранения шпината и капусты “пак чой” может достигать 40 дней или около того, и индийский салат может быть как свежий даже после 60 дней хранения, что помогло достижению цели, позволяя сопровождающим офицерам и солдатам "есть свежие овощи с аждым приёмом пищи".

Консервирование овощей выглядит просто, но на самом деле трудно осуществимо, так как оно зависит от многих факторов, таких как сорт, количество и источники овощей, а также время их выращивать, процесс упаковки и транспортировки, поставка на борт и температура и влажность для их хранения. В частности, контроль температуры и влажности и научное консервирование являются критическими в конечном периоде хранения.

Тот, кто решил эту проблему был "Доктор Овощей". Это был доктор Хоу Цзянь Ше, студент учащийся на доктора по специальности пищевой науки в университете Чжэцзяна и младший научный сотрудник в медицинском научно-исследовательском институте НОАК, называемый солдатами и офицерами эскорт группы, "Доктор Овощей".

Чтобы получить данные из первых рук, доктор Хоу присоединился к военно-морской эскорт группе. Благодаря практике и открытиям, и на основе предыдущих достижений, стандартному рациону питания для военнослужащих и послеуборочным биологическим свойствам овощей, доктор Хоу разработал техническую программу для научного сохранения овощей во всех звеньях, связанных с выбором сортов овощей, улучшенным предварительным охлаждением, упаковкой в модифицированной атмосфере, погрузкой и транспортировкой, а также холодильником для хранения и т.д.

После предварительного охлаждения, овощи упакованы от 10 километров до 15 километров по каждому в специальные мешки хранения, которые закрываются после замены воздуха газом смешанных соединений, а затем загружаются в корзины и отправляются в общие холодильные камеры. Такой подход овощной консервации, разработанный доктором Хоу позволил сохранять овощи свежими в течение 59 дней после того, как они были собраны и после 52-дневного путешествия, которое стало новым рекордом и реализацией "зеленой мечты" сопровождающих моряков.

“Мастер Соевого Творога”

Несмотря на принятый научный подход, продолжительность консервирования овощей ограничена. Когда недостаточно свежих овощей и фруктов, бобовые ростки, соевый творог и соевое молоко стали питательными и витаминамино дополняющими деликатесами для солдат и офицеров.

Выращивать бобовые ростки, делать соевый творог и соевое молоко, возможно, не так уж и сложно на земле, но не так просто в море.

Чжоу Вэнь, один из поставщиков, которые были ответственны за выращивание ростков фасоли, однажды столкнулся с неудачей. Когда он выращивал ростки фасоли в первый раз, Чжоу Вэнь положил определенное количество зеленых бобов и пресной воды в машину следуя описанной формуле на ней, с надеждой ожидая "урожай" в течение 72 часов.

Однако, когда он открыл машину выращивания ростков фасоли, он был ошеломлен: ростки фасоли в коробке были недоразвитые, маленькие и черные, как маленькие головастики. После неоднократных раздумий, он понял,

Свежее соевое молоко готово для употребления солдатами и офицерами.

что ростки были выращены с пресной водой на суше, а вода используемая для мытья овощей на борту была опресненной морской водой. Может быть, проблема в этом?

Несколько дней спустя, Чжоу Вэнь вырастил ростки фасоли еще раз. Когда он открыл коробку, три дня спустя, он обнаружил, что, хотя кончики почек ростков были зеленые, корни были желтые и даже сухие. Оказалось, что рост фасоли требует не только воды высокого качества, но и чистую внутреннюю среду машины для выращивания ростков фасоли. Если внутренний сосуд машины заражен бактериями, ростки будут не в форме.

Опыт учит. После нескольких неудачных попыток, Чжоу Вэнь постепенно обнаружил привычки роста бобовых ростков, и выяснил некоторые умные идеи для выращивания ростков фасоли, такие как открывание коробки для наблюдения, стерилизация зрелым уксусом и понижение температуры через вентиляцию и т.д. Теперь , солдаты и офицеры могут употреблять свежие зеленые бобы или ростки соевых бобов в течение одного или двух приемов пищи каждую неделю. Жареные белые или зеленые ростки стали востребованным блюдом, среди солдат и офицеров сопровождения.

По сравнению с выращиванием ростков, приготовление соевого творога на борту военного корабля еще более востребованно. Эта работа попалась Лю Чжэн, супер шеф-повару с превосходным мастерством в кухонном отряде.

"Соевый творог восхитителен, но сложен в приготовлении. Содержащиеся добавки, такие как пластыри и лактоны должно быть измеренны и добавлены вовремя. Если добавлено слишком много добавок, то соевый творог легко станет жестким; и он будет слишком нежным для поднятия, если добавить слишком мало добавок, и если они будут добавлены слишком рано, соевый творог будет вяжущим на вкус, и если они добавлены слишком поздно, то творог будет слишком кислым ... "Когда речь идет о его навыках, Лю похож на словарь.

Во время путешествий, это действительно удача для гурманов отведать местную кухню их родного города и есть традиционно приготовленные блюда, как МАПО ТОФУ (Примечание: Блюдо из соевого творога, Сычуаньский стиль), домашний стиль соевого творога, жареный соевый творог и заливной соевый творог, приготовленный супер шеф-поваром.

Если выращивание ростков и приготовление тофу является технической работой, то шлифование для соевого молока является трудоемкой и напряженной работой. Для этого нужно 25 кг соевых бобов, чтобы сделать котел соевого молока, и это занимает два часа, чтобы закончить весь процесс от шлифования соевых бобов до тушения молока. Особенно в создании бобового молока для завтрака, нужно выбрать хорошее соевые бобы и отмочить их в воде в течение ночи, затем растереть их и тушить молоко рано утром на следующий день. Таким образом, для повара Чжан Нань «рано вставать и поздно ложиться» является наиболее подходящей фразой описания.

В отличии от пребывания на земле, на борту военного корабля очень узко и присутствует постоянная высокая температура, к тому же корабль трещит при плавании в открытом море. Однажды, когда Чжан Нань делал бобовое молоко, военный корабль плавал в бурном море. Когда Чжан Нань разливал тущёное молоко из горшка, военный корабль внезапно наклонился более чем на десять градусов в сторону порта и половина котла с молоком вылилась в его сторону. Хотя он вовремя уклонился, он получил большие ожоги на ногах. Однако во время завтрака, видя его товарищей наслаждающихся бобовым молоком, Чжан Нань постепенно забыл о усталости и боли.

"Электронный диетолог"

Во время обеда 8 апреля 2012 года, солдаты и офицеры легко и счастливо наслаждались "пятью блюдами и одним супом" в сопровождении расслабляющей музыки в чистой морской столовой корабля кит. ВМФ Циндао, одиннадцатой эскорт группы.

"Для того, чтобы преуспеть в приготовлении блюд во время эскорт миссии, повара, которых мы предоставляем в кухонный отряд, все являются поварами с сертификатами.", Сказал Ван Цан, интендант корабля кит. ВМФ Циндао. "Когда проходит эскорт миссия, мы должны позволить каждому офицеру или призывнику хорошо питаться, и найти"Вкусы Мамы” на обеденном столе. "

"Это заслуга ‘электронного диетолога’, который позволяет солдатам и офицерам хорошо питаться." Сказал Чжоу Фангсяо, глава логистической группы поддержки целевой эскорт группы."Электронный диетолог" относится к системе программного обеспечения управления рецептами для военнослужащих, которая позволяет автоматически генерировать рецепты, точный анализировать питания и научную и разнообразную пропорцию продуктов на основе ключевых элементов, таких как потребление питательных веществ человеком, рацион рецептов, а также бортовую заработную плату, так что офицеры и солдаты могут хорошо питаться каждый день во время эскорт миссии.

Чтобы справиться с проблемой еды, логистические группы поддержки эскорт групп НОАК, полностью принимают во внимание обычаи солдат из различных этносов, и запросили мнения от солдат и офицеров, и товарищи из куханного отряда изучили и скорректировали рецепты и улучшили свою кулинарию по мере необходимости.

Показаны в бюллетене в общем коридоре на борту не только детальные категории и количество пищи в течение дня, но и данные, включая калорийность еды и различные питательные вещества, принятые организмом человека. В кухнях моряков, объекты, такие как мясорубки и камеры для запекания доступны во всех вариациях, которые позволяют готовить булочки на пару или запеченные булочки и хлеб, приготовление тушеных куриных крылышек, приготовление морских рыб на пару и тушеных рагу, а также изготовление соевого молока, выращивание бобовых ростков и консервирование овощей.

В июле 2012 года, двенадцатая эскорт группа НОАК изменила меню с "еженедельных рецептов" на "ежедневные рецепты". Каждый приём пищи включал шесть блюд и один суп, без повторения в течение недели, и в таком случае солдаты и офицеры могли питаться более научно и здорово.

Поддержка ежедневных рецептов является инновацией конструкции диетической культуры, запущенная логистическим департаментом флота восточного моря НОАК. Основным содержанием ежедневных рецептов является изменение, от практики разработки меню и поставки продуктов раз в неделю, к разработке меню и поставке продуктов каждый день. Хотя это увеличивает нагрузку на логистическую поддержку подразделений, которые отвечают за покупку, предварительную обработку и транспортировку продуктов питания, поверхностные военно-морские силы могут регулировать рецепты в соответствии с задачами обучения, изменениями погоды и чрезвычайными ситуациями, когда необходимо, чтобы солдаты и офицеры могли питаться в более научной манере.

Поддерживаемая технологией консервирования пищевых продуктов, регулярным пополнением и крупногабаритными судами общих поставок, цель эскорт групп, заказ ежедневного меню и внесение необходимых изменений каждый день, реализована.

Как лидер куханного отряда, Дай Пъяоянг имел другую важную работу развивать рецепты и поставлять списки. Он должен был развивать рецепты в течение недели во время путешествия и в течение половины месяца при получении пополнения в порту. «При составлении списков поставок мы должны в полной мере учитывать хранение овощей и вкусы солдат и офицеров. Поставляемые овощи, включают десятки сортов, таких как

Уникальный Весенний Фестиваль в Аденском Заливе.

Новогодний ужин.

баклажаны, огурцы и перец чили.» Говоря о трудностях, Дай был довольно эмоциональным, "Трудно разработать рецепт, сложнее, чем приготовление пищи. О вкусах не спорят, и рецепты не могут быть повторены. Я должен знать, что все любят есть и что они не любят. Готовить это просто физический труд, но для этого я должен ломать голову, чтобы организовать разнообразные блюда из нескольких вариаций материалов ".

В этой эскорт миссии, целевая группа воспользовалась всеми возможностями отдыха и пополнения в порту, чтобы получить своевременную поставку определенного количества свежих овощей. Кроме того, в связи с реальностью, что овощи являются трудными для хранения и консервации, высшими властями были выделены машины для выращивания бобов фасоли и приготовления соевого молока для каждого военного корабля, что позволяет им выращивать ростки бобов, готовить соевый творог и молоть бобы для молока самим, так что вариация пищи была увеличена, и качество еды улучшилось.

На ежемесячных рутинных встречах оценки питания, показатель удовлетворенности в опросе питания достиг более 94%, Дай Пъяоянг лидер кухонного отряда был торжественно избран одним из "Топ десятки Авангарда сопровождения".

"Принц утилизации отходов"

Некоторые люди сравнивают военный корабль с «мобильным городом». Это правда. Поскольку там несколько сотен людей, живущих на борту каждого корабля, в среднем более 100 килограммов бытовых отходов производятся каждый день. Если эти отходы не утилизировать хорошо, среда пройденной воды будет загрязнена. После каждого ужина, можно было увидеть солдата, занятого удалением собранных бытовых отходов на борту. Это был Чжоу Вэнь, сержант первого класса из отряда контроля управляемых ракет на борту кит. корабля ВМФ Хайкоу. После завершения своей работы, он взял на себя ответственность за утилизацию отходов на борту во время эскорт миссии. По этой причине, товарищи дали ему специальное имя: "Принц утилизации отходов".

23-летний Чжоу Вэнь окончил Хунаньский университет науки и технологии, прежде чем он вошел в состав флота. После того как он был зачислен, он прошёл подготовку на военно-морской подготовительной базе и поступил в морскую инженерную академию аэронавтики НОАК на курсы управляемых ракет.

Это было довольно удивительно для его товарищей и земляков, которые поступили на службу в флот в том же году, что он как солдат из колледжа с дипломом должен был стать "Принцом утилизации отходов". "Эскорт операции являются выполнением международных обязательств, и моя работа по утилизации отходов также является выполнением международных обязательств

Офицеры и рядовые корабля кит. ВМФ Янтай активно проводят техническое обслуживание оборудования и управленческую деятельность, сохраняя их в хорошем состоянии.

по охране окружающей среды." Так сказал Чжоу Вэнь.

Утилизация отходов на борту является трудоемким процессом: Первый шаг заключается в классификации отходов, собираемых из различных участков на борту. Бумажные коробки, пластиковые бутылки и банки пригодны для вторичной переработки. Бумажные коробки должна быть сплющены и аккуратно сложены в стопку, а пластиковые бутылки и банки должны быть сплющены для хранения. Фруктовая кожура, туалетная бумага и коробки из-под лапши не пригодны для переработки, поэтому они должны быть переделаны в твердые отходы после обезвоживания и сжаты в устройствах переработки отходов. Из оригинальных 100 кг пищевых отходов, остаётся менее 10 кг после завершения процессов фильтрации, перемешивания, промывания, нагревания и сжатия.

Раньше, когда первая эскорт группа НОАК отправилась в Аденский залив для эскорт миссии, чтобы избавиться от бортовых отходов в рамках экологических стандартов, ВМФ Китая предоставил каждому военному кораблю различное стандартное оборудование по борьбе с загрязнением, в том числе компрессор переработки отходов, установку для сжигания твердых отходов, вакуумное устройство очистки сточных вод и устройство переработки воды загрязнённой бензином. Кроме того, был разработан ряд программ по утилизации загрязнений, чтобы позволить загрязняющим веществам разряжается в соответствии с международными стандартами, для того чтобы "море оставалось чистым" где бы не проплывали военные корабли НОАК.

Культурная и спортивная жизнь

Так как эскорт операции высоко интенсивны, с быстрым темпом и весьма длительные, а офицеры и солдаты живут в морских условиях при высокой

"Главный редактор""Мореплаватель Пресс Групп" на борту корабля кит. ВМФ Янтай, должен редактировать и издать статьи самостоятельно.

температуре, высокой влажности и среди высокого содержания солей в течение длительного периода времени, очень легко для кого-нибудь, начать страдать от физических и психических симптомов, таких как усталость, беспокойство и бессонница. Таким образом, эскорт группы, на основе информационных ресурсов и своих сильных сторон, начали проводить много своеобразных культурных и спортивных мероприятий для солдат и офицеров, чтобы успокоить их темперамент, развеять их меланхолии и сохранить боевую эффективность.

Трансокеанская Связь

Как гласит древнее китайское стихотворение: "Одно сообщение из дома стоит тонну золота во время войны." В далёком Аденском заливе, привет из дома, как "Куриный бульон для души" в одинокие дни и утешение для сердец солдат и офицеров. Опираясь на ИНМАРСАТ, эскорт группы НОАК запустили обширную "трансокеанскую связь".

Якорь номер один, в "Первом зале телепередачи", на борту корабля кит. ВМФ Янтай.

До отъезда каждой целевой эскорт группы, ВМФ Китая устанавливает спутниковый (телефон) принимающий терминал и локальную сеть. Через Сетевой Информационный Центр политического отдела НОАК, антенна "мост от сердца к сердцу" устанавливается между офицерами и солдатами и их родственниками. Они могут отправлять сообщения и передавать видео своим семьям через выделенный канал, что называется среди солдат и офицеров, как "трансокеанская связь".

Когда Чжоу Ли, жена сержанта Чжоу Шиченг, рожала, последний был на первой эскорт миссии в Аденском заливе. Но "трансокеанская связь" позволила

Чжоу Шиченг услышать крики сына и увидеть видеоклипы прекрасного ребенка.

По праздникам, каждый думает о своей семье больше, чем когда-либо. Во время важных фестивалей каждый год, таких как День Нового года,Праздник весны, Национальный день, Праздник Луны, и День армии, военно-морские начальники выделяют специальное время в военно-морском командном пункте в Пекине, чтобы сделать трансокеанскую видео связь с солдатами и офицерами сопровождения. Сердечные заботы и теплые слова были, как весенний бриз над Аденским заливом, давая тепло и удваивая моральный дух солдат и офицеров.

30 декабря 2010 года, офицеры и солдаты седьмой эскорт группы НОАК имели видео связь со своими родственниками и обменялись пожеланиями Нового Года, что стало особым способом воссоединения со своими семьями.

Пекин, Чжоушань, Санья и Аденский залив были тесно связаны друг с другом в этот момент. "Дорогой, ты выглядишь тоньше и темнее, но более

Мозайка

энергичным и красивым." Цуй Сяолэй смотрела на экран и взволнованно сказала мужу Ван Янлэю.

Слова Цуй вызвали смех у компаньонов перед экраном. В этот момент температура воздуха была более 40 градусов, но ни плохое состояние моря, ни тяжелые задачи не подорвали волю солдат и офицеров. В смехе, семьи в том числе Цуй Сяолэй чувствовали тяготы солдат и офицеров и были глубоко тронуты их оптимистичным настроением.

"Как ты, дорогой? У тебя еще есть морская болезнь? ", Сказала Чжан Чжунли с заботой.

"У меня всё нормально, и я не был болен морской болезнью уже довольно долго, так что успокойтесь. Я слышал, что в Пекине холодает, ты и наш сын должны одеваться толще, чтобы предотвратить простуду. Пожалуйста, заботьтесь о себе, пока я отсутствую ... "Чжао Хайтао посоветовал жене неоднократно.

Родители беспокоятся о своих детях, путешествующих на расстоянии. Родители Ван Лисинь, Ван Фу и Хе Гуйсянг, заранее встали перед экраном, ожидая, чтобы поговорить со своим сыном. Это была первая эскорт миссия Ван Лисиня, который был на флоте в течение только одного года. Его родители заботливо спросили его: "Ты привык к жизни на борту? Как там еда? "

"Очень хорошо, папа и мама. У нас есть свежие овощи, чтобы есть и горячие ванны для мытья ... ", сказал Ван Лисинь с гордостью:" Я буду упорно трудиться, чтобы жить в соответствии с доверием Родины и вашими ожиданиями. "

Аплодисменты распространились по всему морю, и перемешались с волнами радости, как отправляя благословения солдатам и офицерам сопровождения.

Спортивные состязания на борту

3 октября 2011 года, уникальное бортовое спортивное состязание состоялось на борту корабля кит. ВМФ Ухань, девятой эскорт группы НОАК в промежутке между эскорт операциями.

Спортивное состязание началось с гоночными криками солдат и офицеров, и игроки были готовы начать.

Прыжки через скакалку на борту.

"Каждый является участником и атлетом." Сказал Тан Чжонпинг, глава политической группы, который руководил событиями на сцене. По его словам, спортивное состязание было эффективным способом взбодрить жизнь во время эскорт миссии. События были тесно связаны с повседневной работой и жизнью, и любой, кто был заинтересован в них мог принять участие.

"Старт!" Наряду с приказом судьи Чжао Дзинлу, начался конкурс перетаскивания банок. Игроки в каждой группе должны перенести пять 25-килограммовых коробок с банками на расстояние десяти метров от одного конца до другого и переместить их обратно в исходную точку. В громких криках зрителей, игроки обеих команд мчались друг за другом, и никто не хотел уступать, вся палуба бурлела. После изнурительного конкурса, группа во главе с Лю Тиечжун, инженером из Морского Центра погоды, выиграла чемпионат.

"Давай, Цзоу Чуннинг! Давай! "На этой стороне, восклики ликующей команды росли один за другим. "Потрясающе, Сюй Яцинг! Потрясающе! "Затем пришли возгласы волна за волной от зрителей на другой стороне. Это было оружием конкуренции между Сюй Яцингом, рулевым и Цзоу Чуннингом, солдатом спецназа.

Позже, проходил конкурс вязания веревок, в отношении десяти типов узлов, включая беседочный узел, выбленочный узел и узел эшафот, и т.д., которые находятся в общем пользовании на военных кораблях. Пока командные состязания ещё не закончились, начались индивидуальные соревнования.

Конкурсы, проводимые в узком пространстве военного корабля, вызвали гордость и энтузиазм у сопровождаюших солдат и офицеров. В 17:30 по местному времени, когда заходящее солнце окрасило поверхность красным и все награжденные игроки сделали позы на сцене, офицеры и солдаты ответили горячими аплодисментами, а затем палубное спортивное состязание пришло к совершенному завершению.

Жизнь во время эскорт миссии является большым вызовом для ума и силы воли каждого офицера и человека. Чтобы обогатить свое свободное время, оздоровительные и спортивные мероприятия, часто проводятся на бортах военных кораблей эскорт групп НОАК. На фестивалях, как Праздник Луны, Национальный день, День Нового года и Праздник Весны, устраиваются богатые и красочные совместные вечеринки на борту, которые помогли эффективно снять нервозность и тоску по дому у солдат и офицеров.

“Голос Китая” над Аденским Заливом

В 19:30 по местному времени, 28 июля 2012 года, корабль кит. ВМФ Иянг двенадцатой целевой группы НОАК стоял на якоре в Аденском заливе, сверкающий с блестящими разноцветными огнями. Проходила специальная Караоке вечеринка, а палуба была сценой, море в качестве фона и небо в качестве занавеса.

Песня “Красные флаги развеваются” отдернула занавес Караоке конкурса под названием "С Резонансными Маршевыми Песнями Мы Вносим Вклад в Голубой Щит" в ознаменование 85-летия создания Народно-освободительной

Настольный теннис на борту корабля кит. ВМФ Кунлуншань.

армии, и солдаты и офицеры обратили свои юношеские мечты и свои пожелания родине в самые красивые звуки пения.

Песня“Отец” спетая Сюэ Юном, электриком, заставила его и его товарищей прослезиться. Кто как сын не хочет выполнить свой долг ради его родителей? У кого нет мучительных проблем с их семьями? Девять лет назад, Сюэ Юн покинул свой родной город и стал моряком, и его отец, за отсутствие рук помощи, покинул деревню и перебрался в Пекин, чтобы получить работу. Сюэ Юн приложил все усилия, чтобы убедить отца насладиться его оставшимися годами дома, но отец сказал ему не беспокоиться о семье, и

Фото конкурсы часто проводятся эскорт группами, чтобы обогатить жизнь офицеров, которые породили довольно много фото-любителей.

думать о работе.

"Мы прошли подготовку вместе, и мы пережили трудности вместе ....." Хе Яньцин, моряк электромеханического отдела, посвятил это “Вы еще помните, товарищи” своим товарищам в его команде. В последний месяц, было много грязной и тяжёлой

Хор под названием «Посвятить наши резонансные военные песни партии» выступает на борту восьмой эскорт группы НОАК.

работы на посту, за который они несут ответственность, но через огонь и воду, он и его товарищи преодолели много трудностей и сделали много хорошей работы, и их дружба углубилась.

"Я люблю этот Голубой Океан", "Летать Выше", "Когда Настанет День" ... Каждая песня оценивалась после окончания, но офицеры и солдаты, казалось не заботились об оценках или рейтинге, но все погрузились в чувства к своим семьям и нации, и в рассказы о эскорт операциях.

В 21:15 по местному времени, конкурс завершился песней “Мое китайское Сердце” в исполнении Лт. Ли Чжэнь Хуа, лидер группы спецназа. Он сказал, что гордится тем, что он китаец, когда каждый раз он сопровождал китайские

Гала концерт в честь Весеннего Фестиваля в океане.

торговые суда в Аденском заливе далеко от родины.

Море вновь обрело спокойствие в ночное время и корабль кит. ВМФ Иянг отплыл снова. Три часа спустя, Ли Чжэнь Хуа вернулся на палубу на ночной сторожевой пост, и песня “Мое китайское сердце” все еще, казалось, звучала в ушах. В тот момент, родина собиралась приветствовать новое солнце.

Отдых на берегу

Чтобы позволить солдатам и офицерам отдохнуть физически и умственно, эскорт группа ВМФ Китая должна была причаливать к пристани один раз в месяц в течение трех-пяти дней для отдыха и пополнения.

Как гласит поговорка, "аромат всегда остается в руке, которая отдаёт розу." В дополнение к шоппингу и осмотру достопримечательностей во время редкий шансов для отдыха, солдаты и офицеры также проводили доброжелательные мероприятия.

5 октября 2011 года, контр-адмирал. Гуань Цзяньгуо, командующий Девятой эскорт группы НОАК, зам-начальник штаба юго-морского флота НОАК, который пришвартовалсь в порту Джибути, вместе с десятком других солдат и офицеров, пошел против сильной жары в Девятую начальную школу в районе Баррабарра, чтобы выразить заботу преподавателям и ученикам. Они принесли ранцы, футбольные мячи, электронные часы, а также десятки коробок еды.

На их пути туда, когда некоторые жители Джибути видели их, они улыбались с дружескими приветствиями и поднимали большие пальцы вверх говоря "Хорошо, Китай!" В соответствии с введением данным сотрудниками китайского посольства, Джибути страдает от засушливой погоды и постоянного голода круглый год, и является одной из наименее развитых стран объявленных ООН, и образовательные условия там были очень отсталыми. С 2010 года, каждый раз при заходе эскорт группы НОАК на стоянку в Джибути, офицеры и солдаты приходили в местную начальную школу, чтобы посетить учителей и школьников, и сделать все, что в их силах, чтобы помочь им справиться с некоторыми практическими трудностями.

"Добро пожаловать, ВМФ Китая!" "Здравствуй, ВМФ Китая!" Когда солдаты и офицеры пришли в школу, учители и школьники, которые долго их ждали, бросились толпой, неся своё теплое приветствие. Г-н Абдулла, директор школы, говорит, что дети практиковались в течение целого дня, чтобы научиться выговаривать эти два китайских предложения. "Я пришел к вам от имени сопровождающих солдат и офицеров китайского флота. Я надеюсь, что вы будете хорошо учиться и прогрессировать каждый день ". Ласково сказал контр-адмирал. Гуань, после того как он лично вручил новые школьные ранцы детям, его руки нежно поглаживали головы детей.

"Спасибо, ВМФ Китая! Спасибо, дружелюбные посланники! ... "Шесть милых учеников Джибути пели хором песню, которую они практиковали специально для прихода китайских ВМС, их лица освещены с счастливыми улыбками.

"Только потому, что идет дождь, возникают оазисы в пустынях. Вы посеяли семена дружбы в души детей, поэтому красивые цветы ,также цветут в пустынях Джибути! " Похвалил местный племенной старейшина, который присутствовал на мироприятии в качестве представителя родителей учащихся.

«Африканское солнце, как огонь, и тепло ВМФ Китая такое же жаркое, как солнце!» Эмоционально сказал г-н Абдулла.

С января 2009 года, безопасные и эффективные эскорт операции китайского флота в Аденском заливе и у берегов Сомали, внесли большой вклад в защиту международного судоходства и перевозки гуманитарных материалов, которые получили широкое признание и полное одобрение внутри страны и со стороны международного сообщества.

Согласно данным, предоставленным CMSARC, в период с 6 января 2009 по 9 августа 2012 года, эскорт группы НОАК, обеспечили эскорт услуги 4758 судам, среди которых 50% были связаны с китайским импортом и экспортом. Насчитанно, что каждый корабль весил 50 000 тонн, то общая сумма достигла 143 млн. тонн, что эквивалентно эскорт услугам на более чем 100 килограмм импортированных и экспортированных товаров для каждого китайца, большинство из которых были нефть, зерно и химические удобрения. Г-н Чжан Шоугуо, генеральный секретарь Китайской ассоциации судовладельцев сказал: "Именно по причине эскорт службы Народного ВМФ, наши судоходные предприятия и суда избежали посягательств пиратов, безопасность жизней моряков была гарантирована и судоходные предприятия страны и народная экономика могут развиваться здоровыми. "

Генеральный секретарь ООН Бан Ки Вэнь отметил, что отправка военных кораблей НОАК в Аденский залив и к берегам Сомали является мощной поддержкой для деятельности международного сообщества для подавления актов сомалийского пиратства, и это продемонстрировало важную роль Китая в международных делах.

Контр-адмирал. Скотт Сандерс, однажды командир USCTF 151,

Офицеры и солдаты проводили доброжелательную деятельность в начальной школе в Баррабарра, Джибути, и подарили некоторые тетради и ручки, и т.д.

прокомментировал ВМФ Китая так: плавания флота Чжэн Хэ были известны во всем мире за распространение дружбы, и сегодняшняя эскорт служба НОАК известна своей борьбой с пиратством.

23 ноября 2009 года на 26-й сессии Ассамблеи ИМО, кораблям кит. ВМФ Ухань, Хайкоу, Шэньчжэнь, Хуаншань и Вейшаньху были вручены сертификаты за исключительные заслуги перед доставками и человечеством, и весь экипаж корабля Китайской Доставки Т.С. Синь Оучжоу(Новая Европа) был удостоен IMO награды за исключительную храбрость в море.

В январе 2010 года, солдаты и офицеры НОАК, находящиеся на эскорт миссии в Аденском заливе и у берегов Сомали были избраны в "Топ десятку личностей доставки Китая в 2009 году". Г-н Яап де Хооп Схеффер, генеральный секретарь НАТО высоко похвалил, что эскорт операции ВМФ Китая внесли большой вклад в борьбу с пиратством со стороны международного сообщества.

Министерство обороны США отметило, что НОАК Китая внесла важный вклад в международные операции по поддержанию мира, оказанию гуманитарной помощи, ликвидации последствий стихийных бедствий и борьбы с пиратством, и США приветствовали это.

Г-н Дэвид Сидни опубликовал комментарий в Конгрессе США: Действия китайских ВМС в Сомали имеют большое влияние, они были очень профессиональными военнослужащими с прекрасными навыками, и у них было тесное сотрудничество с другими флотами в том числе ВМС США.

Сенатор Марк Кирк из Конгресса США, который поднимался на борт корабля кит. ВМФ Вэньчжоу восьмой целевой группы, сказал, что он был рад, что ВМФ Китая стал участником международных анти-пиратских операций, и он был благодарен ВМС Китая за их усилия в обеспечении безопасности международных судов.

Вице-Адмирал. Бинелли Мантелли, командующий военно-морским флотом Италии отметил, что китайский ВМФ внес большой вклад в безопасность доставки и поддержание мира в этой области.

Эскорт операции в Аденском заливе и у берегов Сомали являются первым шагом, который китайский ВМФ сделал в океан. ВМФ НОАК в настоящее время придерживается своего торжественного обещания, построить "гармоничный океан" своими действиями, что является демонстрацией поведения миролюбивой страны с историей 5000 лет, а также храброго проведения ответственного члена международного сообщества.

Научный Аппарат
Архивы эскорт операций ВМФ НОАК

Первая эскорт группа

Период времени	Дек. 26, 2008–Апр. 28, 2009
Порт отправления	Санья, Хайнань
Задействованные войска	ККВ Ухань (Эсминец с управляемыми ракетами)
	ККВ Хайкоу (Эсминец с управляемыми ракетами)
	ККВ Вейшаньху (Корабль общего снабжения)
	Два вертолета и десятки солдат спецназа; всего более 800 солдат и офицеров
Лидеры	Командир ЦГ: КАДМ. Ду Дзингчен, Командующий штатом юго-морского флота НОАК
	Политический комиссар ЦГ: КАДМ. Ин Дунпин, Заместитель генерального директора департамента политической работы, юго-морского флота НОАК
Достижения	Выполнили сопровождение 41конвоев, включая 212 китайских и иностранных кораблей; спасли 3 корабля атакованные пиратами; сопроводили один корабль после освобождения от пиратов; Продолжительно выполняли задания в море в течение 124 дней; Впервые организовали военные корабли, бортовые вертолёты и спец. Отряды для миссий за рубежом; Впервые выполняли миссии в одних и тех же водах вместе с другими флотами и выполнили взаимный обмен и сотрудничество в сфере информации с иностранными ВМС; Впервые организовали высоко-интенсивную логистику и поддержку оборудования в далеке от береговых баз.

Вторая эскорт группа

Период времени	Апр. 2, 2009–Авг. 21, 2009
Порт отправления	Чжандзянг, Гуандонг
Задействованные войска	ККВ Шэньчжэнь (Эсминец с управляемыми ракетами)
	ККВ Хуаншань (Фригат с управляемыми ракетами)
	ККВ Вейшаньху (Корабль общего снабжения)
	Два вертолета и десятки солдат спецназа; всего более 800 солдат и офицеров
Лидеры	Командир ЦГ: КАДМ. Яо Чжилоу, Заместитель
	Командующего флотом юго-морского НОАК
Достижения	Политический комиссар ЦГ: КАДМ. Ван Шичен, Вице-политический комиссар флота юго-морского НОАК
	Выполнили сопровождение 45 конвоев, включая 393 китайских и иностранных судна; спасли 4 корабля атакованные пиратами; сопроводили один иностранный корабль после освобождения от пиратов. Навестили Пакистан и Индию на обратнем пути в Китай. Установили новые рекорды, включая становление первыми органическими силами реорганизованными за границей. ККВВейшаньху последовательно служил первым двум эскорт группам, установив много новых рекордов для океанской службы поддержки в истории НОАК.

Третья эскорт группа

Период времени	Июль. 16, 2009–Дек. 20, 2009
Порт отправления	Чжоушань, Чжедзянг
Задействованные войска	ККВ Чжоушань (Фригат с управляемыми ракетами)
	ККВ Сюйчжоу (Фригат с управляемыми ракетами)
	ККВ Циандаоху (Корабль общего снабжения)
	Два вертолета и десятки солдат спецназа; всего более 800 солдат и офицеров
Лидеры	Командир ЦГ: КАДМ. Ван Чжигуо, Заместитель командующего флотом восточно-морского НОАК
	Политический комиссар ЦГ: КАДМ. Вэнь Синчао, Заместитель генерального директора департамента политической работы флотавосточно-морского НОАК
Достижения	Выполнили сопровождение 53 конвоев, включая 582 китайских и иностранных судна;. Посетили Малайзию и Сингапур, а также порт в Гонконге. Установили несколько новых рекордов: Первыми осуществили совместные эскорт операции с иностранными ВМС и первыми совершили совместные учения с иностранными ВМС в далёком море и тд.

Четвёртая эскорт группа

Период времени	Окт. 30, 2009–Апр. 23, 2010
Порт отправления	Чжоушань, Чжедзянг
Задействованные войска	ККВ Ма Аншань (Фригат с управляемыми ракетами)
	ККВ Вэньчжоу (Фригат с управляемыми ракетами)
	ККВ Циандаоху (Корабль общего снабжения)
	ККВ Чаочжоу (Фригат с управляемыми ракетами, изначально названный Чаоху; прибывший на ГОА и вступивший в ЦГ в Дек. 21, 2009)
	Два вертолета и десятки солдат спецназа; всего более 700 солдат и офицеров
Лидеры	Командир ЦГ: Ст.Капт. Циу Янпенг, Заместитель начальника штаба флотавосточно-морского НОАК
	Политический комиссар ЦГ: КАДМ. Гу Ликанг, Заместитель генерального директора департамента политической работы флота восточно-морского НОАК
Достижения	Выполнили сопровождение 46 конвоев, влючая 660 китайских и иностранных судов, спасили 3 корабля атакованные пиратами; сопроводили 4 судна освобождённые пиратами. Успешно посетили ОАЭ и Филиппины и швартовались в Шри Ланке. Совершили первые легальные VBSS операции, и первыми оказали эскорт услуги освобождённым китайско тайваньским кораблям.

Пятая эскорт группа

Период времени	Мар. 4, 2010–Сент 12, 2010
Порт отправления	Санья, Хайнань
Задействованные войска	ККВ Гуанчжоу (Эсминец с управляемыми ракетами)
	ККВ Чаочжоу (Фригат с управляемыми ракетами, изначально названный ККВ Чаоху)
	ККВ Вейшаньху (Корабль общего снабжения)
	Два вертолета и десятки солдат спецназа; всего более 800 солдат и офицеров
Лидеры	Командир ЦГ: КАДМ. Чжан Вэндань, Заместитель начальника штаба флота юго-морского НОАК
	Политический комиссар ЦГ: КАДМ. Чэн Ян, Заместитель генерального директора департамента политической работы флота юго-морского НОАК
Достижения	Выполнили сопровождение 41 конвоев включая 588 китайских и иностранных судов. Успешно посетили Египет, Италию, Грецию и Бирма, и встали на якорь в Сингапуре. Первая эскорт группа с единственным военным кораблём передвигающаяся в сокрытии в эскортируемую зону; Первыми совершили двуязычное командование командирами кораблей и OODs, и тд.

Шестая эскорт группа

Период времени	Июнь 30, 2010–Янв. 7, 2011
Порт отправления	Чжандзянг, Гуандонг
Задействованные войска	ККВ Кунлуньшань (Корабль док амфибий, посадочная платформа)
	ККВ Ланьчжоу (Эсминец с управляемыми ракетами)
	ККВ Вейшаньху (Корабль общего снабжения)
	Четыре вертолета и десятки солдат спецназа; всего более 1000 солдат и офицеров
Лидеры	Командир ЦГ: КАДМ. Вей Сюэи, Начальник штаба флота юго-морского НОАК
	Политический комиссар ЦГ: КАДМ. Лин Янхе, Заместитель генерального директора департамента политической работы флотаюго-морского НОАК
Достижения	Выполнили сопровождение 49 конвоев, включая 615 китайских и иностранных судов; совершили 3 спасательные операции. Успешно посетили Саудовскую Аравию, Бахрейн, Шри Ланку и Индонезию в обратнем путешествии. Первая целевая группа комаедующая спасательными операциями на бортах угнанных кораблей; Первая целевая группа совершившая интегрированные эскорт операции корабль-вертолёт; Первыми прибыли в Персидский залив для посещения средне-восточных стран и тд.

Седьмая эскорт группа

Период времени	Нояб. 2, 2010–Май. 9, 2011
Порт отправления	Чжоушань, Чжедзянг
Задействованные войска	ККВ Чжоушань (Фригат с управляемыми ракетами)
	ККВ Сюйчжоу (Фригат с управляемыми ракетами)
	ККВ Циандаоху (Корабль общего снабжения)
	Два вертолета и десятки солдат спецназа; всего более 700 солдат и офицеров
Лидеры	Командир ЦГ: КАДМ. Чжан Хуачэн, Заместитель Командующего флотом восточно-морского НОАК
	Политический комиссар ЦГ: СТ.Капт. Ли Цзяньцзюн, Заместитель генерального директора департамента политической работы флота восточно-морского НОАК
Достижения	Выполнили сопровождение 38 конвоев включая 578 кораблей различных типов; эскортировали одно торговое судно освобождённое пиратами; спасли один захваченный пиратами корабль, и семь кораблей преследуемые пиратами в течение четырёх раз; ККВ Сюйчжоу оказал эскорт услуги китайским соотечественникам эвакуируемым из Ливии. Успешно посетили Танзанию, Южную Африку and Сейшельские острова, и встали на якорь в Сингапуре на обратнем пути. Первая целевая группа проплывшая несколько сотен миль для оказания эскорт услуг торговым судам под пиратскими атаками; Первыми спасли захваченный пиратами торговый корабль с приминением силы; первыми предоставили NEO эскорт операции бедствующим китайским кораблям и персоналу.

Восьмая эскорт группа

Период времени	Фев. 21, 2011–Авг. 28, 2011
Порт отправления	Чжоушань, Чжедзянг
Задействованные войска	ККВ Вэньчжоу (Фригат с управляемыми ракетами)
	ККВ Ма Аншань (Фригат с управляемыми ракетами)
	ККВ Циандаоху (Корабль общего снабжения)
	Два вертолета и более 80 солдат спецназа; всего более 800 солдат и офицеров
Лидеры	Командир ЦГ: СТ.Капт. Хан Сяоху, Заместитель начальника штаба флота восточно-морского НОАК
	Политический комиссар ЦГ: СТ.Капт. Чжоу Сяоцзин, Генеральный директор военно-морской базы Чжоушань, флота восточно-морского НОАК
Достижения	Выполнили сопровождение 46 конвоев, включая 507 китайских и иностранных судов, включая 3 корабля МПП; эскортировали один корабль освобождённый пиратами ; спасли один корабль захваченный пиратами, и семь кораблей преследуемые пиратами в течение семи раз; предоставили гуманитарную помошь двум иностранным кораблям. 7 Марта 2011 года, ЦГ прибыла в Карачи, Пакистан, для участия в международных совместных морских учениях Мир-11; На обратнем пути успешно посетили Катар и Тайланд.

Девятая эскорт группа

Период времени	Июль 2, 2011–Дек. 24, 2011
Порт отправления	Чжандзянг, Гуандонг
Задействованные войска	ККВ Ухань (Эсминец с управляемыми ракетами)
	ККВ Юйлин (Фригат с управляемыми ракетами)
	ККВ Цинхайху (Корабль общего снабжения)
	Два вертолета и десятки солдат спецназа; всего более 800 солдат и офицеров
Лидеры	Командир ЦГ: КАДМ. Гуан Цзяньгуо, Заместитель начальника штаба флота юго-морского НОАК
	Политический комиссар ЦГ: КАДМ. Ду Бен'ин, Политический комиссар субмаринной базы НОАК
Достижения	Выполнили сопровождение 41 конвоев включая 2 8 0 китайских и иностранных кораблей , включая одно судно МПП. В период между 5–9 Июля, 2011, ККВ Ухань и ККВ Юйлинпосетили Бруней и приняли участие в таких мероприятиях Третья международная выставка обороны и международный осмотр флота; на обратнем пути посетили Кувейт и Оман.

Десятая эскорт группа

Период времени	Нояб. 2, 2011–Май 5, 2012
Порт отправления	Чжандзянг, Гуандонг
Задействованные войска	ККВ Хайкоу (Эсминец с управляемыми ракетами)
	ККВ Юнченг (Фригат с управляемыми ракетами)
	ККВ Цинхайху (Корабль общего снабжения)
	Два вертолета и десятки солдат спецназа; всего более 800 солдат и офицеров
Лидеры	Командир ЦГ: КАДМ. Ли Шихонг, Заместитель начальника штаба флота юго-морского НОАК
	Политический комиссар ЦГ: СТ.Капт. Шан Яхенг, Политический комиссар флотилии эсминцев НОАК
Достижения	Выполнили сопровождение 40 конвоев включая 240 китайских и иностранных судов. Посетили Мозамбик и Тайланд, и на обратнем пути встали на якорь вГонконге.

Одиннадцатая эскорт группа

Период времени	Фев. 27, 2012–Сент. 13, 2012
Порт отправления	Циндао, Шаньдонг
Задействованные войска	ККВ Циндао (Эсминец с управляемыми ракетами)
	ККВ Янтай (Фригат с управляемыми ракетами)
	ККВ Вейшаньху (Корабль общего снабжения)
	Два вертолета и десятки солдат спецназа; всего более 700 солдат и офицеров
Лидеры	Командир ЦГ: КАДМ. Ян Дзюнфей, Заместитель начальника штаба флота северо-морского НОАК
	Политический комиссар ЦГ: КАДМ. Ся Кевей, Заместитель генерального директора департамента политической работы, флот северо-морского НОАК
Достижения	Выполнили сопровождение 43 конвоев включая 184 китайских и иностранных судна. Посетили Украину, Румынию, Турцию, Болгарию и Израиль на обратнем пути.

Двенадцатая эскорт группа

Период времени	Июль 3, 2012–Нояб. 27, 2012
Порт отправления	Чжоушань, Чжедзянг
Задействованные войска	ККВ Чанчжоу (Фригат с управляемыми ракетами)
	ККВ Иянг (Фригат с управляемыми ракетами)
	ККВ Циандаоху (Корабль общего снабжения)
	Два вертолета и десятки солдат спецназа; всего более 800 солдат и офицеров
Лидеры	Командир ЦГ: КАДМ. Чжоу Сюймин, Заместитель начальника штаба, флот восточно-морского НОАК
	Политический комиссар ЦГ: Ст.Капт. Чжай Йонгюань, Политический комиссар флотилии эсминцев НОАК

Тринадцатая эскорт группа

Период времени	Нояб. 9, 2012
Порт отправления	Чжандзянг, Гуандонг
Задействованные войска	ККВ Хенгянг (Эсминец с управляемыми ракетами)
	ККВ Хуаншань (Фригат с управляемыми ракетами)
	ККВ Цинхайху (Корабль общего снабжения)
	Два вертолета и десятки солдат спецназа; всего более 800 солдат и офицеров
Лидеры	Командир ЦГ: Ст.Капт. Ли Сяоян, Заместитель начальника штаба, флот юго-морского НОАК
	Политический комиссар ЦГ: Ст.Капт. Чжуо Исинь, Политический комиссар флотилии эсминцев НОАК